Peter H. Stoldt

# Schwedens Motive und Wege zur Herrschaft über die Provinz Bremen-Verden 1648 - 1719

BoD Norderstedt 2011

Herstellung und Verlag:
Books on Demand GmbH, Norderstedt
ISBN 978-3-8423-4852-3

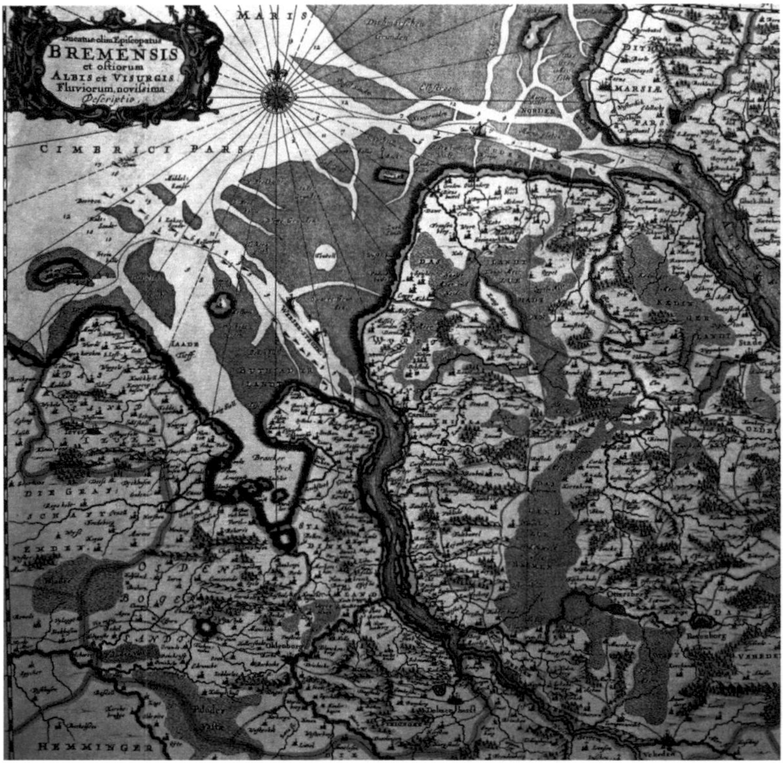
Ducatus olim Episcopatus
BREMENSIS
et ostiorum
ALBIS et VISURGIS
Fluviorum, novissima
Descriptio
MARIS
CIMBRICI PARS
HEMMINGER

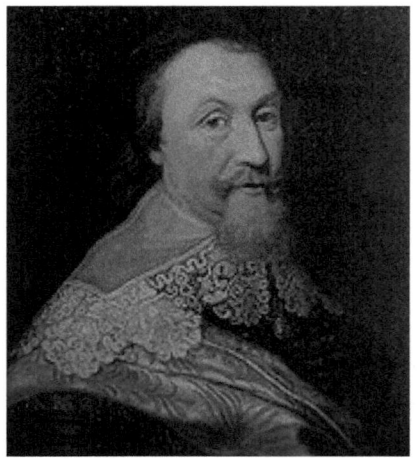

# Inhalt

## Schwedens Motive und Wege zur Herrschaft über die Provinz Bremen-Verden 1648-1719

4

# Schwedens Motive und Wege zur Herrschaft über die Provinz Bremen-Verden 1648-1719

*"Det allra  svåraste lär bliva att persuadera dem*
*<andra makter> det vi äre så ärliga kärlar som*
*vi äre "*
"Das Allerschwierigste dürfte wohl sein, sie <die
anderen Mächte> davon zu überzeugen, dass wir
so ehrliche Kerle sind wie wir sind"

Reichskanzler Magnus Gabriel de la Gardie
im Stockholmer Reichsrat 1671[1]


## Einleitung


Mit ihren Erfolgen im 30-jährigen Krieg schufen König Gustav II
Adolf und Reichskanzler Axel Oxenstierna die Grundlagen für
die über acht Jahrzehnte dauernde schwedische Präsenz auf der
großen europäischen Bühne.
Nach Karls XII gescheitertem Versuch, am Ende dieser
europäischen Periode durch ähnlich kontinental ausgreifende
Feldzüge auf dem Kontinent Schwedens europäische
Großmachtstellung zu wahren, wurde das skandinavische
Königreich auf seine natürlichen Grenzen zurückgestutzt.
Nicht die wechselvollen diplomatischen und kriegerischen
Aktivitäten Schwedens zwischen 1630 und 1719 als solche stehen
im Mittelpunkt dieser Abhandlung, sondern die Rolle, die die
säkularisierten Stifte Bremen und Verden als Teil des damaligen

5

Konglomeratstaates für Schwedens Außenpolitik spielten. Untersucht werden Motive und Methoden für den erst 1648 sanktionierten Erwerb der Stifte bereits Jahre vor dem Westfälischen Friedensschluss.

Untersucht wird dann die Rolle des Territoriums zwischen Weser und Elbe nach 1648 in den außenpolitischen Zielen und Maßnahmen der Stockholmer Regierung; - aus Stockholmer Perspektive.

Die wichtigsten Grundlagen hierfür sind

a) die über viele Jahrzehnte geführten Protokolle von Reichsrat (riksråd) und Reichstag (riksdag) in Stockholm,

b) deren Auswertung in Zusammenschau mit Vertrags- und Bündnistexten in den entsprechenden Teilen des siebenbändigen Gesamtwerkes zur schwedischen Außenpolitik,

c) die „schwedischen Korrespondenzen" der Acta Pacis Westphalicae,

d) die umfassende Quellenauswertung in Klaus-Richard Böhmes Werk zu den bremisch-verdischen Staatsfinanzen 1645 - 1676,

d) eine Reihe Monografien sowie schwedischer Biografien zu wichtigen Akteuren im 17. Jahrhundert.

## Schwedens Motive für den Erwerb der Provinz - einleitende Mutmaßungen

Schweden und Frankreich gingen aus den Friedens-Verhandlungen in Osnabrück und Münster als dessen zwei Garantiemächte hervor. Die Armeen der schwedischen Krone hatten auf dem Territorium des Deutschen Reiches so erfolgreich agiert, dass die Verhandlungsführer aus Stockholm selbstbewusst ihre Forderungen auf den Tisch legen konnten: territoriale und finanzielle Entschädigungen für im Krieg erbrachte Leistungen und erlittene Opfer; "iure belli et in satisfactionem". Deutsche Provinzen an Ost- und Nordsee sowie satte fünf Millionen Reichstaler als Entschädigung für Schweden galten an den Verhandlungstischen in Osnabrück und in Nürnberg (Exekutionskongress) nicht prinzipiell als ungerechtfertigt. Kannten doch alle das epochale Völkerrechts-Werk "De iure belli ac pacis" von Hugo Grotius aus dem Jahre 1625; Hugo Grotius, der im Übrigen von 1635 bis 1645 als Gesandter in Paris im Dienst der schwedischen Krone stand.

Bremen-Verdens Anteil an der Satisfaktions-Summe belief sich auf 72.807 Reichstaler; als Reichssteuer erhoben.[2] Diese Gelder hätte Schweden auch erhalten, wenn es nicht das Territorium Bremen-Verden als schwedische Provinz beansprucht hätte. Und auch unter Berücksichtigung weiterer finanzieller Nutznießung durch die schwedische Krone wird man finanzielle Motive für den Erwerb der Provinz ´Herzogtümer Bremen-Verden` wohl nicht in die erste Reihe platzieren.

Die von Schweden beanspruchten Territorien an Ost- und Nordsee sollten nicht etwa integrative Teile des schwedischen Königreiches werden. Das stand bereits Mitte der 30er Jahre fest. Durch die Übertragung zu Lehensrecht des römisch-deutschen Reiches wollte Schweden sich vielmehr die Möglichkeit politischer Einflussnahme sichern; und zwar im Reichstag und in

7

den für militärische Fragen besonders wichtigen Reichskreisen.
Die schwedischen Könige - in aller Regel natürlich deren
Gesandte - nahmen Platz 5 in der Fürstenbank des Deutschen
Reichstages ein: jeweils in Personalunion als Herzog von
Bremen, Fürst zu Verden, Herzog von Pommern, Fürst zu Rügen
und Herr über Wismar.[3]
Axel Oxenstierna, schwedischer Reichskanzler von Gustav II
Adolfs Tagen bis 1654 und damit langjähriger Vorsitzender im
schwedischen Reichsrat, war ein sehr genauer Kenner der
Völkerrechts- und Verwaltungsverhältnisse im römisch-deutschen
Reich; hatte er doch um die Jahrhundertwende fast vier Jahre lang
an deutschen Universitäten studiert: zuletzt Staatswissenschaften
und Politik an der Universität Jena.[4] Wie wichtig ihm das formale
Recht der Zugehörigkeit zu möglichst vielen Reichskreisen war,
zeigt sich in der Umbenennung von "Herzogtum Bremen und
Verden" in "Herzogtümer Bremen und Verden", die in einer
königlichen Instruktion vom Januar 1651 der Provinzregierung in
Stade mitgeteilt wurde.[5] Dessen ungeachtet findet sich in den
schwedischen Akten gemeinhin die vereinfachende Bezeichnung
´Provinz Bremen-Verden`.
Das Territorium Bremen gehörte dem niedersächsischen Kreis an,
Verden - mit dem Amt Wildeshausen - dem westfälischen, die
Ostsee-Provinzen dem obersächsischen.
Den zwei wichtigsten nicht-deutschen Mächten in den
langjährigen Friedensverhandlungen in Münster (Frankreich) und
in Osnabrück (Schweden) fiel die Rolle als Garantiemächte einer
möglichst bleibenden Neuordnung der deutschen Verhältnisse zu.
Die Frage, ob die schwedischen Regierungen im Laufe der
Jahrzehnte nach 1648 in der Rolle als kaiserliche Lehensnehmer
ihre außenpolitischen Schwerpunkte im Interesse reichsdeutscher
Friedenspolitik oder im Interesse schwedischer Machtpolitik
setzen würden, ist rhetorisch; nationale Außenpolitik ist
Interessenpolitik.
Wie Stockholm dabei vorging, welche Schwerpunkte es verfolgte,
welche Rücksichten - politische, juristische, sonstige - es

8

einzukalkulieren hatte, was dabei herauskam, das wird zu
untersuchen sein.

Der charismatische Feldherr Gustav II Adolf und der klug
kalkulierende Reichskanzler Axel Oxenstierna waren sich in den
zwei wichtigsten außenpolitischen Zielen einig: Kriege nicht
innerhalb der Reichsgrenzen zu führen und zu verhindern, dass
sich an den Rändern der Ostsee starke Mächte etablierten, die
Schwedens Grenzen gefährden könnten.
Dänemark - vor Russland - galt als der Erzfeind überhaupt. Im
Kampf um die Vormachtstellung im Ostseeraum waren alle Mittel
recht: Bündnisse gegen Dänemark, Geheimabsprachen zu Lasten
Dänemarks, politische Propaganda und Verunglimpfung,
Handelskrieg, Angriffskrieg.
Das ferne Territorium zwischen Weser und Elbe lag militär-
strategisch im Rücken des Erzfeindes und war sowohl auf dem
Landweg - über die deutschen Ostseehäfen - als auch auf dem
direkten Seeweg über Elbe und Weser zu erreichen. Der feste
Platz Stade an der Schwinge war als Provinzhauptstadt
auserkoren; an der Geeste in der Wesermündung wurde ein
strategisch ähnlich wichtiger fester Platz angestrebt und nach
Erwerb des Amtes Bederkesa mit dem Bau von Carelstat -
Karlsburg realisiert, wenn auch nur für begrenzte Zeit.
Die Nähe des Territoriums zu Hamburg als einem
nordeuropäischen Nachrichten-, Finanz-, Kultur- und
Handelszentrum rundet das schwedische Motivbündel für den
Erwerb der Territorien Bremen und Verden ab. Wobei von Anfang
an die Abrundung oder besser die Vervollständigung um die
mächtige Stadt Bremen die schwedischen Planungen bestimmte.
Indem hier die strategische Lage Bremen-Verdens als
ausschlaggebendes Motiv für den Erwerb angenommen wird, ist
die Außenhandelspolitik als ein wesentliches Element darin
eingeschlossen. Neben England und den Niederlanden zählte
Schweden - wenn auch in der zweiten Reihe - zu den wichtigen
Seemächten. Reichskanzler Axel Oxenstierna war ein überzeugter

9

Merkantilist.Und die Handelswege zu den Nordseehäfen von den Getreidemärkten in Russland, im Baltikum, in Polen, in Pommern ebenso wie die schwedischen Rohstoffexporte (Holz, Teer, Pech, Hanf, Eisen) über See blieben im ganzen 17. Jahrhundert wichtige Eckpunkte für außenpolitische Erwägungen und Entscheidungen im Stockholmer Reichsrat.

Und besonders in der direkten, d.h. vom dänischen Sundzoll unabhängigen Seeverbindung zwischen Göteborg und der Provinz an den Nordseezuflüssen verschmelzen militärische und wirtschaftliche Motive für den Erwerb des Territoriums Bremen-Verden.

Detaillierter betrachtet werden sollen nun zunächst die Methoden Schwedens zum Erwerb der Provinz Bremen-Verden vor dem Westfälischen Friedensvertrag; dann die Bremen-Verden berührenden außenpolitischen Maßnahmen Stockholms nach der völkerrechtlich gesicherten Inbesitznahme.

Ob sich die eingangs vorgenommene Abwägung der Motive der schwedischen Regierung zum Erwerb des Elbe-Weser-Territoriums bestätigt oder ob sie korrigiert werden muss, wird den Abschluss der Abhandlung bilden.

## Diplomatische und militärische Wege zum Ziel

### Die Rolle Bremen-Verdens in der schwedisch-dänischen Dauerkonfrontation in den 20er und 30er Jahren

Um das Jahr 1624 hatte sich im militärischen und diplomatischen Ringen auf deutschem Reichsboden eine entscheidende Veränderung insofern ergeben, als sowohl England wie Frankreich begannen, sich für den Aufbau eines internationalen Gegengewichts in Form einer Allianz gegen den Kaiser und die katholische Liga zu engagieren. 1624 brach die englische Regierung mit Spanien; und 1624 trat Richelieu in die französische Regierung ein, die er fortan bestimmte. Die diplomatischen Werbungen Englands für eine Groß-Allianz gegen Habsburg ab Juli 1624 in den Hauptstädten Haag, Kopenhagen, Berlin und Stockholm[6] wurden von der schwedischen Regierung positiv aufgegriffen, aber mit den eigenen Sicherheitsinteressen gegenüber Polen verknüpft: nach Sicherung seiner eigenen Landesteile - gemeint war u.a. auch das von Schweden beanspruchte Livland - wäre der schwedische König gern bereit, die militärische Führung auf dem deutschen Kriegsschauplatz zu übernehmen. London reagierte darauf nicht, doch fand Gustav Adolf unerwartete Unterstützung von Seiten Brandenburgs. Kurfürst Georg Wilhelm schickte seinen Gesandten Bellin zwecks Sondierung einer protestantischen Allianz nach Stockholm und nach Kopenhagen.
Im Oktober 1624 schickte die schwedische Regierung daraufhin einen ausgearbeiteten Plan nach Berlin und in die zu beteiligenden Hauptstädte. In diesem sogenannten "Oktoberplan" wurden Schwedens Standpunkte zur internationalen Lage ausgebreitet und Schwedens Bedingungen für ein aktives Engagement benannt:[7]
Gustav Adolf verlangte die militärische Führung für sich; mit der Begründung,dass Schwedens einziger Reichtum in seinen Truppen bestünde und er diese keinem anderen Heerführer

11

anvertrauen würde.

Als "absichernde Ausgangs- und Stützpunkte für Kriegsbewegungen in Deutschland" nannte der König "einen Hafen an der Nordsee und einen an der Ostsee, am besten Bremen und Wismar".

Dazu schlug er den Aufbau zweier Kriegsflotten vor; eine für die Ostsee mit ausschließlich schwedischen Schiffen und eine für die Nordsee bestehend hauptsächlich aus Schiffen der Bundesgenossen.

Der Herzog von Brandenburg war von Gustav Adolfs Plan sehr beeindruckt, und sein Gesandter Bellin erhielt den Auftrag, Gustav Adolfs Vorschläge den westlichen Mächten vorzulegen. Weder die zu beteiligenden Niederlande noch England waren zu jenem Zeitpunkt allerdings gewillt, detaillierte Versprechen für Geld- und Truppenunterstützung abzugeben.

In diese Sondierungslage hinein verschickte Dänemark einen Gegenvorschlag zum schwedischen Oktoberplan. Dies geschah in den ersten Januartagen 1625; ein halbes Jahr, nachdem die englische Sondierung auch in Kopenhagen eingetroffen war. Christian IV von Dänemark hatte sich vor seiner späten Antwort der Unterstützung des niedersächsischen Kreises versichert. Nach diesem Gegenzug gegen die schwedischen Vorschläge verlor London jegliches Interesse am schwedischen Oktoberplan  - auf den es ja im Übrigen auch nicht reagiert hatte.

Das ohnehin schlechte Verhältnis zwischen Kopenhagen und Stockholm kühlte weiter ab. Nach offenem Streit wegen des Öresundzolls und mancher dänisch-schwedischer Grenzverläufe war 1623/1624 der bedrohte Friede gerade noch gerettet worden. Dänemark hatte in einigen Punkten nachgeben müssen; und die Verhandlungsniederlage saß tief.

Im März 1625 traf ein neuer englischer Vorschlag aus London und Haag ein; ein Kooperationsplan, nach dem der dänische und der schwedische König ihre militärischen Truppen gleichzeitig aber an unterschiedlichen Linien in Deutschland in Marsch setzen sollten. Christian IV und der Kurfürst von Brandenburg unterstützten den Plan sogleich, und der Kurfürst ersuchte Gustav Adolf persönlich um Billigung seinerseits.

Aus Rücksicht auf die internationalen Verbindungen signalisierte die schwedische Regierung ein eher allgemeines Einverständnis mit dem "Kooperationsplan" nach London, Haag, und Berlin. Aber - so fasst Wilhelm Tham seine Einschätzung aus der Quellenlage zusammen - "dies ganze umfassende diplomatische Spiel änderte nichts an der Grundentscheidung für die schwedische Politik, die in ihrem "Oktoberplan" ausformuliert war."[8] Eine neuerliche englische Anfrage beim schwedischen König Anfang März 1626 - Schweden hatte im November 1625 an dem in Haag zwischen England, Dänemark und den Niederlanden zusammengetretenen Kongress nicht teilgenommen! - beantwortete Gustav Adolf ausweichend; vor allem weil es entgegen seinen Plänen statt zu einer festen Allianz nur zu einem losen Verbund gekommen war.

Gustav Adolf und Reichskanzler Oxenstierna waren in den Folgejahren vollauf mit ihren Militäraktionen in Livland beschäftigt. Gleichzeitig liefen weitere intensive diplomatische Bemühungen, mit England und den Niederlanden, aber auch mit dem Rivalen Dänemark zu festen Vereinbarungen zu gelangen, was Subsidien, Flottenunterstützung und Truppenanwerbungen für ein militärisches Eingreifen in den Krieg auf deutschem Reichsboden anbelangt.

Im Zusammenhang der sich europäisch ausweitenden Außenpolitik Schwedens - bestimmt durch den König und seinen Reichskanzler - treten die jeweiligen Positionen und Interessen der protestantischen Partner in London, Haag, Kopenhagen und im römisch-deutschen Reich deutlicher zutage.

- Schwedens Verhältnis zu den Niederlanden entwickelte sich zu einem Eckstein in der schwedischen Außenpolitik. Dabei sorgfältig zu beachten war eine steigende Beunruhigung der holländischen Kaufmannschaft gegenüber dem schwedischen Militäreinsatz am Ostrand der Ostsee. Auch war die offensichtliche

Machtausweitung Schwedens in Nordeuropa den Holländern grundsätzlich unbehaglich; nicht weniger den Engländern.

- Mit Karl I als neuem Regenten in London erschien ein näheres Verhältnis eher zu realisieren sein als mit dem Vorgänger König Jakob. Die kaiserlich-habsburgischen Pläne für die Errichtung einer Herrschaft an den Südküsten der Ostsee waren nicht nur eine direkte Bedrohung für die nordischen Staaten sondern auch eine reale Gefahr für die Nordseeanrainerstaaten, von dem wichtigen Ostseehandel abgeschnitten zu werden; vor allem auch wegen der traditionell aus Schweden und Russland bezogenen Waren für den Bau ihrer Schiffe.

- Einen drohenden Separatfrieden Dänemarks mit dem Kaiser und damit ein Ausscheiden aus einer möglichen protestantischen Groß-Allianz versuchten beide Nordseemächte zusammen mit Gustav Adolf von Schweden zu verhindern; vergeblich.

Vor dem schwedischen Eingreifen in den 30-jährigen Krieg spielte Dänemark mit seinem König Christian IV die tonangebende Rolle in den Anstrengungen, den katholischen Vormarsch auf dem Territorium des Reiches zu stoppen.[9] Der dänische König, der als Herzog von Holstein sowohl Mitglied im Deutschen Reichstag wie im niedersächsischen Reichskreis war, mobilisierte in seinem Herzogtum große Truppenverbände und umging die Einschaltung der dänischen Reichsstände mit der Interpretation, dies sei eine Angelegenheit seines Herzogtums. Dänemark fürchtete nichts mehr, als dass die kaiserlichen Truppen bis an die Südküste der Ostsee gelangen könnten. Sein Interesse in Norddeutschland hatte der König auch dadurch öffentlich gemacht, indem er die Nachfolge im Erzstift Bremen und im Stift Schwerin für seine Söhne Friedrich und Ulrich hatte reservieren lassen;[10] deren Versorgung hatte ihn große

14

diplomatische Anstrengungen gekostet. Also lag es in seinem ganz natürlichen Interesse, dass die Stifte nicht in katholische Hände zurückfielen.

In der Funktion als Kreisoberst im niedersächsischen Kreis zog Christian - als deutscher Reichsfürst - über die Elbe und die Weser entlang nach Süden. Die kaiserlichen Armeeführer Tilly und Wallenstein zeigten natürlich kein Verständnis für die formalistische Sicht Christians, dass nicht Dänemark in den Krieg eingegriffen habe. Sie drangen tief in dänisches Gebiet ein, und Dänemark musste sich 1629 einem Friedensschluss beugen, kam allerdings glimpflich davon: Christian behielt seine holsteinischen Besitzungen, musste sich aber aus dem Krieg heraushalten und von seinen Versorgungsplänen für die Söhne Abstand nehmen.

- In den letzten Jahren des zweiten Jahrzehnts bemühte sich Gustav Adolf weiterhin um eine umfassende nordische Allianz auch bei den norddeutschen Fürsten, beim Erzbischof von Bremen und bei den drei Hansestädten. Über Wallensteins Besetzung von Ostseeküstenstädten kam es sogar zu direkten Unterhandlungen zwischen schwedischen Diplomaten und dem kaiserlichen General. Alle diplomatischen Bemühungen um feste Bündnisse mit deutschen Reichsfürsten und Städten führten indes zu keinem greifbaren Ergebnis; Schwedens Position im Reich blieb weiter isoliert.

Was Wunder, dass im Reichsrat in Stockholm die Argumente über die zukünftige schwedische Politik in Deutschland hin und hergingen. Am 8. Januar 1629 jedoch endeten sie in dem Grundsatzbeschluss des Rates, "der Krieg in Deutschland gegen den Kaiser soll geführt werden".[11]

Als Konsequenz aus einem Beistandsbündnis Schwedens mit Stralsund aus dem Jahre 1628 befanden sich Schweden und der

15

Kaiser ohnehin bereits so gut wie im Krieg. Und ein halbes Jahr nach dem Grundsatzbeschluss standen im Juli 1630 Gustav Adolfs Truppen auf deutschem Reichsboden. Unmittelbar nach der Landung ließ der König seine Kriegsproklamation drucken und in lateinischer, deutscher, französischer und holländischer Sprache verbreiten. Hierin fasste er die schwedischen Standpunkte zum schwedisch-kaiserlichen Verhältnis zusammen, ebenso die schwedische Politik zu Polen und zu den norddeutschen Reichsständen. Es "weckte großes Aufsehen in den europäischen Ländern, dass die Proklamation den Anspruch auf die schwedische Herrschaft über die Ostsee erhob".[12]

Im Sommer und Herbst des Jahres 1630 führten diplomatische Aktivitäten - über den Residenten Schwedens in Hamburg - bei den drei Hansestädten Lübeck, Bremen und Hamburg zu keinem positiven Ergebnis für das kriegführende Schweden: die Städte hielten an ihrer Neutralität fest. Einzig der Erzbischof von Bremen schloss ein Bündnis mit Schweden.

Erzbischof von Bremen war seit über 30 Jahren Johann Friedrich von Holstein-Gottorf, gleichzeitig Fürstbischof von Lübeck und ab 1631 auch Bischof von Verden. Johann Friedrich war ein Neffe Gustav II Adolfs von Schweden. Er hatte sich in kaiserlich-dänischen Auseinandersetzungen auf die Seite des Kaisers gestellt. Das half ihm wenig, weil der Kaiser mit dem Erzstift Bremen und dem Bistum Verden andere Pläne hatte.[13] Johann Friedrich erhoffte sich Hilfe einzig von Schweden und ging bereitwillig auf schwedische Bündnisangebote ein; im Juni 1632 schloss er mit dem schwedischen Diplomaten Johan Adler Salvius einen Bündnisvertrag, nach dem Schweden über die festen Plätze im Erzstift verfügen und dort Truppen unterhalten durfte. Die schwedische Unterstützung war sowohl gegen die kaiserliche Liga wie gegen Christian IV gerichtet. Über fünf Monate lang in den Jahren 1631 und 1632 kam es zu kriegerischen Auseinandersetzungen im Bremischen zwischen Johann Friedrichs und schwedischen Truppen einerseits, dänischen Truppen andererseits. Das Ergebnis war ein Rückzug Christians

16

IV, dessen Angriffe gegen das Erzstift sowohl vom dänischen Reichsrat als auch von den holsteinischen Ständen missbilligt wurde.

Als dann Johann Friedrich versuchte, die Rechte der bremischen Stände zu beschneiden und auch Klostergüter einzuziehen entschlossen war, wandten sich die Stände mit ihren Klagen gegen den Erzbischof an den schwedischen Königshof. Sie entsandten Nikolaus von Höpken aus Stade nach Stockholm. Der Tod Gustav II Adolfs war für Reichskanzler Axel Oxenstierna ein akzeptabler Vorwand, eine Behandlung und Antwort hinauszuzögern. Statt dessen ließ er 1633 seinen Residenten in Hamburg, Johan Adler Salvius, einen Folgevertrag mit dem Erzbischof über den Unterhalt der Garnisonen im Erzstift abschließen. Ein Jahr später vermochte Christian IV allerdings - auch wegen der schwedischen Misserfolge auf dem deutschen Hauptkriegsschauplatz - den nach längerer Krankheit eingetretenen Tod des Erzbischofs für sich zu nutzen und seinen Sohn Friedrich (III) doch als neuen Erzbischof von Bremen und als Bischof von Verden durchzusetzen.

Des schwedischen Reichskanzlers Proteste und die Verhandlungs- bzw. Verzögerungsversuche seines Hamburger Diplomaten zum Thema einer Übernahme des Stiftes Bremen durch den Dänen Herzog Friedrich spiegeln sich ausführlich in den zahlreichen Ratsprotokollen vom Januar 1634 bis Oktober 1634. Verquickt wurde das Thema mit ausführlichen Debatten über die von Schweden für die Kriegslasten zu fordernden territorialen Satisfaktionsleistungen. Der Begriff "Satisfaktion" taucht zum ersten Mal in der Ratssitzung vom 3. März 1634 auf.[14]

Über die Art und Weise einer zukünftigen Eingliederung von deutschen Satisfaktions-Provinzen ins schwedische Reich wurde im Reichsrat ebenfalls diskutiert.

In der Ratssitzung m 11. Januar 1634 wurde von Axel Oxenstiernas "Sprachrohr" Gabriel Gustavsson einmal wieder die Satisfaktionsforderung des Reichskanzlers erläutert: d.h. "im Extremfall wolle er Hinter-Pommern mit dem Land zu Rügen

17

samt Stift Bremen und Verden verlangen".[15] Hierauf erfolgte ein heftiger Einwand eines Ratsmitglieds: niemals würden doch z.B. Brandenburg und Kursachsen ihre Einwilligung dazu geben, dass ein Glied vom Römischen Reich abgetrennt würde! Die Antwort Gabriel Gustavssons: "Sobald wir Pommern bekämen, bliebe es doch nichts desto weniger im Reich und unter römischem Recht".[16]

Diese Rechtsauffassung Axel Oxenstiernas wurde auch vom Reichsmarschall bestätigt. In der Ratssitzung vom 26. November 1634 fasste dieser zusammen, dass als Satisfaktion überlassene deutsche Landesteile niemals der schwedischen Krone übergeben würden; "der Status des Reiches würde dadurch übernommen werden".[17]

Nur im Rechtsstatus eines kaiserlichen Lehensträgers konnten Oxenstiernas Pläne zur politischen Einflussnahme im Reich nach einem künftigen Friedensschluss realisiert werden.

In den Ratssitzungen vom 8. Januar, 11. Januar und 3. März 1634 wurde Oxenstiernas Satisfaktionskonzept im Rat wiederholt vorgetragen und debattiert; der Reichskanzler befand sich - nach Gustav Adolfs Tod 1632 - permanent auf dem deutschen Kriegsschauplatz. Am 3. März 1634 wurde dann des Kanzlers Entscheidung im Rat mitgeteilt, dass "alles bis zum Treffen in Frankfurt aufgeschoben wird, dass man <dort> zuerst zu hören bekommt, welche Satisfaktion Schweden haben soll"; das auch, um Frankreichs Satisfaktionsforderung zu erfahren.[14]

Der Reichsrat ließ im Juli 1634 den Auswärtigen Ausschuss des Reichstages über die Satisfaktionsforderungen ein Gutachten abgeben. Hierin wurde der sicherheitspolitische Aspekt des Territoriums Bremen-Verden deutlich. Könne der Erwerb Pommerns ganz oder teilweise nicht realisiert werden, sollte der Blick auf die sicherheitspolitisch wichtige Nordseeküste gerichtet werden: „etwas von Westfalen und das Stift Bremen an der Nordsee, nach dessen Besitz man schon deshalb trachten müsse, damit der König von Dänemark es nicht unter seine Herrschaft bringe; denn dadurch würde er Gelegenheit erhalten, sich auch

18

der drei vornehmsten norddeutschen Städte Hamburg, Lübeck und Bremen untertänig zu machen und also der schwedischen Krone gegenüber umso mächtiger und beschwerlicher zu werden". [14a]

Im Sommer 1634 fanden in Frankfurt - wo sich das schwedische Hauptquartier befand - Besprechungen zwischen Oxenstierna und verbündeten deutschen Fürsten statt. [18] Schwedens protestantische Alliierte, allen voran Brandenburg, wünschten die inzwischen bekannt gewordenen schwedischen Satisfaktionsforderungen im Detail zu erfahren. Auf einem kommenden Friedenskongress müsse schließlich Klarheit herrschen. Als die schwedische Forderung auf Pommern vom Reichskanzler ausgesprochen war, verließen die Brandenburger und etliche andere norddeutsche Fürsten den Konvent.

Auch nach dem Frankfurter Konvent gingen die Ratsdebatten weiter; nicht selten in Form von elaborierten pro- und contra-Positionen, um zu entscheidenden Abwägungen zu gelangen. Ende 1634 setzte sich die Auffassung durch, dass man Herzog Friedrich von Dänemark das Stift Bremen einräumen wolle, was am 2. Januar 1635 in Übereinstimmung mit der Auffassung der Königin beschlossen wurde, [19] begleitet von bereits am 26. November 1634 [20] diskutierten Bedingungen, die man in Verhandlungen einbringen und erreichen wolle; vor allem:
a) dass Herzog Friedrich in dasselbe Bündnis mit Schweden einträte wie der verstorbene Erzbischof,
b) dass die Überlassung des Stiftes an Friedrich kein Präjudiz für spätere schwedische Forderungen sein könne,
c) dass die schwedischen Truppen bis zum Frühjahr noch in den bremischen Garnisonen blieben,
d) und dass Herzog Friedrich an Schweden eine Tonne Gold als Entschädigung zahle.
Am 17. März 1635 [21] wurde ein Glückwunschbrief an den neuen Erzbischof von Bremen im Rat beschlossen.

In den weiteren Monaten der Jahre 1635 und 1636 gelang es Schweden dann, in separaten Verträgen mit dem Erzbischof, mit

19

den bremischen Ständen und mit den verdischen Ständen die folgenden Ergebnisse auszuhandeln und in Stade zu unterzeichnen:

- die Stände blieben Schwedens Bundesgenossen,
- die von schwedischen Truppen besetzten Garnisonen sollten geräumt werden; und zwar gegen ca. 30.000 Reichstaler,
- beide Stifte wurden neutralisiert und
- Schweden behielt sich seine durch den Krieg erworbenen Rechte an den Stiften vor.

Das Präjudiz - in der Ratssitzung vom 12.Dezember 1634[22] bekräftigt - sollte es Schweden ermöglichen, bei einem insgesamt erfolgreich abzuschließenden Krieg auf dem Territorium des römisch-deutschen Reiches den Dänen die Stifte wieder abzunehmen.

Johan Adler Salvius, des Reichskanzlers Resident in Hamburg, hielt in einem Schreiben an den Reichskanzler im Juli 1635 noch einmal die Gründe fest, die seiner Meinung nach für den Erwerb Bremen-Verdens sprachen: geografische Lage zwischen Elbe und Weser, wichtige Seeverbindung nach Göteborg, Sitz und Stimme in zwei deutschen Reichskreisen.[22a]

Der harte Zusammenstoß zwischen norddeutschen Fürsten und Axel Oxenstierna in Frankfurt bedeutete eine herbe Niederlage für die große politische Linie des Reichskanzlers. In den Monaten und Jahren bis zum Sommer 1636, d.h. bis zu seiner Rückkehr aus Deutschland nach Stockholm - nach insgesamt vier Jahren Abwesenheit, musste Oxenstierna Rückschläge in Kauf nehmen. Militärische Rückschläge auf den Kriegsschauplätzen, innenpolitische Rückschläge als Folge davon auch für die Unterstützung seiner Politik durch seine Regierung in Stockholm.[23]

Die Friedensbefürworter hatten nach dem Separatfrieden von Prag (August 1635) die Oberhand gewonnen, und Oxenstierna sah sich mit einem Schreiben des Reichsrats vom Oktober 1635 konfrontiert, das ihn im Ton einer Direktive[24] aufforderte, wegen der schwedischen Satisfaktionsforderungen nicht einen möglichen allgemeinen Frieden zu gefährden, "sondern sich mit einer Geldsumme zufrieden zu geben oder im schlimmsten Fall mit einem allgemeinen Verbund mit den protestantischen Ständen." Die Satisfaktion "dürfe nicht länger verhindernd im Wege stehen".

Im Frühjahr 1636 fand die Friedensstimmung in Stockholm ihren Höhepunkt: Dänemark hatte vermittelt, als Verhandlungsort war Lübeck auserkoren, Johan Adler Salvius, nicht der Reichskanzler, als Delegationsleiter bestimmt.

Oxenstierna in Deutschland war kein Befürworter eines sofortigen Friedens. Er erreichte es, in Unterhandlungen mit französischen Delegierten in Wismar einen Vertrag auszuhandeln, nach dem Frankreichs Regierung beträchtliche Subsidien zahlen und vor allem den offiziellen Kriegseintritt Frankreichs erklären sollte. In Paris wurde dieser Vorvertrag ratifiziert, in Stockholm weigerte sich die Regierung. Oxenstierna ließ sich jedoch durch dies Misstrauensvotum nicht sehr beeindrucken. Er dachte nicht daran, sofort nach Stockholm zurückzukehren und konnte militärische Erfolge (Wittstock) sowie Verärgerung in Stockholm über Sachsens und Dänemarks Politik für seine politische Linie nutzen. Im Herbst 1636 war Oxenstierna wieder zu Hause und erreichte es, im Reichsrat als "Satisfaktion" und "Assekuration" erneut Vorpommern mit Rügen, Usedom und Wollin samt den Städten Wismar und Warnemünde als Minimalbedingungen für die Osnabrücker Verhandlungen festzulegen.

Oxenstierna gelang es auch, Dänemarks immer wieder angebotene bzw. eingefädelte Friedens-Vermittlungsversuche abzuwehren. Wusste er doch sehr genau, dass der Rivale damit lediglich Schwedens Kriegs- und Machtgewinn zu blockieren bzw. zu mindern suchte. "Ich will ebenso gern den Papst in Rom als Vermittler haben wie den König von Dänemark", ironisierte der Kanzler an seinen Sohn. [25]

Bevor die weitere militärische Konfrontation mit Dänemark in den 40er Jahren einerseits, die Gründe für die sich über mehrere Jahre hinziehenden Vorgeplänkel zum wirklichen Beginn der Friedensverhandlungen in Osnabrück und Münster in Bezug auf Bremen und Verden andererseits untersucht werden, soll ein Blick in die Regierungszentrale in Stockholm gerichtet werden, wo Axel Oxenstierna seit 1636 die außenpolitischen Fäden wieder in seiner Hand vereinigen konnte, wo in den 40er Jahren sein Einfluss allerdings aus ganz anderen Gründen sinken sollte.

## Die Steuerung der Außenpolitik in der schwedischen Reichszentrale

Wie gestaltete sich die Steuerung der Außenpolitik in der Zentrale?[26]
Die Entscheidungsträger waren König, Reichsrat (riksråd) und Kanzlei (kanslikollegium). Den Aufbau einer modernen Zentralverwaltung schuf Axel Oxenstierna während seiner 42-jährigen Amtszeit als Reichskanzler und damit als Vorsitzender im Reichsrat. Der Reichsrat bestand zu Oxenstiernas Zeiten aus den vom König ernannten fünf höchsten Amtsinhabern, und zwar ausschließlich aus dem Hochadel. Deren drei Wichtigste waren der Reichskanzler[27], der Reichsdrost und der Reichsmarschall. Die fünf Reichsräte standen fünf Ministerien (kollegier) vor.[28] Die Außenpolitik ressortierte in der Kanzlei und war auf Sekretäre verteilt.
In den Kanzleiordnungen Oxenstiernas zwischen 1618 und 1636 gab es drei bzw. vier Abteilungen für außenpolitische Beziehungen.[29] Während 1618 die deutschen Angelegenheiten in einer eigenen vierten Abteilung ressortierten, lagen sie 1626 in einer dritten Abteilung, die für die "übrigen Länder" zuständig war.
Georg Landberg berichtet, dass während und nach dem 30-jährigen Krieg die dänischen Angelegenheiten traditionell vom ´inrikessekretaren` (!) behandelt wurden, unter dem wiederum ein Sekretär für die neuen schwedischen Provinzen in Deutschland zuständig war.[30]
In von Axel Oxenstierna stark beeinflussten Vereinbarungen (kungaförsäkran) zwischen den Regenten und den Reichsständen wird die Mitwirkung von Reichsrat und den Reichsständen formuliert. Hier zeigt sich eine interessante Entwicklung.[31] Die Vereinbarung zu Gustav Adolfs Thronbesteigung 1611 enthält diese Klausel: ohne des Rates und der Stände "Kenntnis und Einwilligung" ("vetskap och samtycke") solle "kein Krieg begonnen oder beendet werden, auch kein Friede,

Waffenstillstand oder Bündnis vorgenommen oder eingegangen werden, weder mit Potentaten noch mit Republiken".

Nach vielen Jahren staatsmännischer Erfahrung erkannte Oxenstierna die Nachteile eines allzu harten Bandes für den Regenten. 1634 ließ er festhalten, dass "die Außenpolitik von der Vormundschaftsregierung betrieben wird, und zwar in gemeinsamer Beratung mit dem, dem dies nach Gesetz und Verordnung zusteht". In Königin Christinas "försäkring" 1644 ist kein Wort über Außenpolitik enthalten.

Bei Kriegen hatte sich Gustav Adolf immer bei Rat und Ständen abgesichert; und in der Zeit nach Axel Oxenstierna heißt es wiederum bei Entscheidungen für einen Krieg: "med riksens råds råde och ständernas vetskap och samtycke".

Über eher sensible Fragen der Außenpolitik beriet der Reichstag in einem geheimen Ausschuss ("sekreta utskott") mit gewählten Repräsentanten aller Stände.[32]

Die Macht des Reichsrates während des 17. Jahrhunderts pendelte zwischen höchstem Einfluss - besonders natürlich während der insgesamt 27 Jahre währenden Vormundschaftsregierungen[33] - und königlich-absolutistischer Zurückdrängung der adligen Ratsmacht - besonders unter den Königen Karl XI und Karl XII. Der politische Einfluss des Reichskanzlers bzw. des späteren Kanzleipräsidenten war abhängig von den Persönlichkeiten sowohl der Amtsinhaber als auch der Regenten.[34]

Dass zu Gustav Adolfs Zeiten die gut zusammen arbeitenden König und Kanzler in den außenpolitischen Diskussionen im Rat dominierten, ist für Wilhelm Tham unbestreitbar.[35] Dennoch existierten im Ratskreis unterschiedliche Auffassungen, die indes in den Protokollen nicht immer auftauchen.[36]

Wie und aus welchem Grund die jahrzehntelang die Politik des Reiches dominierende Machtstellung Axel Oxenstiernas ins Wanken geriet, wird die Untersuchung der 40er Jahre zeigen.

Axel Oxenstierna war es, der mit einem Netzwerk von "rapportörer" in ganz Europa die Grundlage legte für den Aufbau eines diplomatischen Außendienstes wie auch eines Nachrichten- und Geheimdienstes.[37] Nach dem Westfälischen Friedensschluss entwickelten sich in allen Staaten Europas Systeme ständiger Vertretungen; ergänzt durch ad hoc entsandte Botschafter, Gesandte, Envoyés, die in Schweden in aller Regel dem Reichskanzler zu berichten hatten - und die nicht selten einflussreicher waren als die ständigen Vertreter.[38]

Die Entwicklung der Diplomatie ging einher mit der raschen Entwicklung des Postwesens und mit der Verbreitung gedruckter Zeitungen. Die Entwicklung sowohl einer Zentralverwaltung wie einer Außendiplomatie in Schweden wurde Teil der Staatsbildung, "die wiederum durch die zahlreichen Kriege Schwedens bedingt war".[39] Den vielen Kriegen im europäischen 17. Jahrhundert wird in der neueren Forschung übereinstimmend "die Rolle eines Motors bei der Entwicklung von Staatlichkeit zugesprochen", urteilt Droste.[40]

Entsprechend der jeweiligen Bedeutung für die schwedische Außenpolitik gab es Außen-Zentralen von besonderem Stellenwert; so z.B. in der ersten Hälfte des Jahrhunderts Hamburg, Helsingör oder Amsterdam. An zwei Beispielen zu Hamburg und Helsingör gerät auch das Territorium Bremen-Verden wieder ins Blickfeld.

Hamburg[41] war zweifelsohne wichtigster Platz in dem von Oxenstierna aufgebauten Netzwerk. In Hamburg war 1619 eine schwedische Poststation eingerichtet worden, ein Jahr nach der kaiserlichen; mit hervorragenden Verbindungen in alle europäischen Zentren.[42]

Ein ständiger Agent hatte die Aufgabe, formelle Briefe und Neuigkeiten zwischen dem Kontinent und dem Heimatland zu vermitteln. Mit der Zeit sollte sich ein wöchentlicher Postdienst entwickeln, was eine Intensivierung der gesamten schwedischen Diplomatie mit sich brachte.[43] Die Hamburger Banken waren neben denen in Amsterdam der für Schweden wichtigste

Finanzmarkt. In Hamburg spielte sich ein großer Teil des schwedischen Handels und auch der schwedischen Kriegsfinanzierung ab. Hamburg war überdies ein wichtiges Kulturzentrum, aber auch ein PLatz für die Anwerbung von Handwerkern, Spezialisten und Soldaten.

Mitte der 20er Jahre wurde Anders Svensson von seinem Posten in Helsingör nach Hamburg versetzt. Nach seinem Tod 1630 wurde er von Johan Adler Salvius abgelöst, der bis 1650 in Hamburg blieb und Schwedens wichtigster Diplomat in Deutschland wurde. Adler Salvius stand in direkter Verbindung zu Reichskanzler Axel Oxenstierna und leitete später zusammen mit dessen Sohn Johan die schwedische Verhandlungsdelegation in Osnabrück. Hamburg nahm nach 1648 die Zentralfunktion auch gegenüber den neuen deutschen Provinzen Schwedens an Nord- und Ostsee wahr, "so dass die Stader <Provinz>-Regierung dazu überging, eigene Vertreter nach Hamburg zu entsenden".[44] Adler Salvius wurde gegen Ende der Osnabrücker Friedensverhandlungen von der Königin zum Reichsrat ernannt[45] und starb 1652 in Stockholm. Unter seinem Nachfolger in Hamburg sank die Bedeutung dieses Platzes für Schweden.

Auch Helsingör war wegen des Standortes am Öresund handels- und militärpolitisch ein nicht unbedeutender Platz, vor allem in Kriegs- und Krisenzeiten. Vor seiner Versetzung nach Hamburg versorgte Anders Svensson den Reichskanzler in den 20er Jahren mit geheimen Informationen aus dem dänischen Hafenplatz. Einmal konnte er von 25 niederländischen Schiffen berichten, die auf Bremen zuliefen, wo sie für Dänemark angeworbene Truppen an Bord nehmen sollten. In der Besprechung in Helsingör wurde hin und her beraten, wie diese Soldaten zur Verstärkung von Christians IV Armee weiter transportiert werden sollten.[46]

## Die Rolle Bremen-Verdens im schwedischen Präventionskrieg gegen Dänemark 1643-1645

Zurück zum Territorium Bremen-Verden und zu den Maßnahmen der schwedischen Regierung zur Realisierung ihrer diesbezüglichen Ziele und Absichten in den 40er Jahren. Für Schwedens Position gegenüber dem Erzfeind Dänemark waren in den Jahren 1640 und 1642 zwei günstige Voraussetzungen geschaffen worden.[47] Mit den Niederländern war es 1640 zu einem Handelsabkommen und zu gemeinsamem Protest gegen die mehrfachen Öresund-Zollerhöhungen[48] durch Dänemark gekommen. Mit dem schwedischen Sieg bei Leipzig 1642 hatte Schweden sich die militärisch-strategische Rückenfreiheit für einen Präventivschlag gegen Dänemark erkämpft. Ein Präventivkrieg wurde es, denn es gab keine unmittelbare Ursache für einen Krieg. Im 30-jährigen Gesamtkrieg handelte es sich um ein "Seitenmanöver"ausschließlich in schwedischer Sache.[49] Reichskanzler Axel Oxenstierna gelang es ohne größere Schwierigkeiten, die Beratungen im Reichsrat und im Reichstag zu dem gewünschten Beschluss für den Angriffskrieg zu steuern. Schwieriger war es da schon, die Bevölkerung im eigenen Land und auch im Ausland davon zu überzeugen, hier handele es sich um einen gerechten Krieg - wenn auch nicht für die Verteidigung des Protestantismus!

An dieser Stelle soll ein kurzer Exkurs über die Kriegspropaganda der damaligen Zeit eingeschoben werden. Lars Ericson Wolke[50] hat jüngst Inhalt, Methoden und Steuerung der Kriegspropaganda im 30-jährigen Krieg detailliert untersucht; nicht nur der schwedischen. Die Propaganda - ob Manifest, Flugblatt, Zeitung oder Kanzelpredigt - "richtete sich nach innen, um das eigene Volk für eine bestimmte Politik zu gewinnen und nach außen, um Vorteile gegen die Feinde des Landes zu erreichen".[51] Um die schwedische Bevölkerung auf einen Eintritt in den 30-

jährigen Krieg vorzubereiten, hatte die Regierung besondere offene Briefe an die Bevölkerung gefertigt, sogenannte "Bettag-Bekanntmachungen"[52], die von den Kanzeln verlesen wurden. Roberts nennt die Pfarrer „unberzahlte lokale Regierungsagenten".[52a] In ihnen wurde ausgemalt, wie die katholischen Mächte - 1629 - immer näher rückten. Anfangs war es die Bedrohung der "Glaubensverwandten" in Deutschland, später dann eher die direkte Bedrohung für Schweden. So baute der Reichskanzler sukzessive die Argumentation einer "Unausweichlichkeit und Gerechtigkeit in der schwedischen Sache"[53] auf.

Nach Eintritt in den Krieg verschärfte Stockholm die Propaganda. Johan Adler Salvius wurde beauftragt, ein umfangreiches Kriegsmanifest in deutscher Sprache zu verfassen. Es trug den Titel "Ursachen dafür dass Herr Gustav Adolf ..... gezwungen ist sich nach Deutschland zu begeben".

Während und vor dem Angriff auf Dänemark 1643 galt es dann, im eigenen Land zu erklären, weshalb hier nicht der katholische Kaiser der Feind war sondern das protestantische Nachbarland. Gleichzeitig galt es, die Niederlande, aber auch England davon zu überzeugen, dass Dänemarks Macht im Öresund zu brechen im allgemeinen Interesse läge; "ren realpolitik", wie Wolke anmerkt.[54]

Die im Reichsrat geführten Debatten zeigen in der Härte der Argumentation gegen Dänemark bezeichnende Unterschiede zu den ca. zehn Jahre vorher geführten Diskussionen über mögliche kriegerische Auseinandersetzungen mit dem ungeliebten Nachbarn.[55] Als Argumente für Dänemarks feindliches Verhalten wurden nun die folgenden Tatbestände herangezogen: Dänemark habe in den 30er Jahren ohne Wissen der Alliierten seinen Friedensschluss mit dem Kaiser gesucht, habe Mecklenburg zerstört, habe schließlich Bremen den Schweden weggenommen, was "contra ius gentium" gewesen sei! Hier wurden für die inländische Kriegspropaganda taugliche Argumente gesammelt.

28

Von einer Militäraktion gegen Dänemark oder gar gegen die Stifte Bremen und Verden war in der Handelsabsprache mit den Niederlanden natürlich nicht die Rede gewesen. Man wusste im Reichsrat sehr genau, dass den Niederländern weder die Dänen noch die Schweden an der Nordseeküste willkommen waren.[56] So wurde der Hauptangriff im Herbst 1643 gegen die dänischen Kernlande geführt; und das mit großem Erfolg. Erst im Februar 1645 fiel Generalleutnant von Königsmarck auf Befehl des schwedischen Oberbefehlshabers in Bremen-Verden ein und besetzte alle festen Plätze. Der Befehl zu diesem Angriff war im Reichsrat zwar bereits am 21. Mai 1644 gefasst worden.[57] Aber noch Anfang Februar 1645 berichteten Salvius und Johan Oxenstierna aus Osnabrück an die Königin: „Ob er <Königsmarck> nach Holstein hineingeht oder nach Bremen, bekommt man sehr bald zu sehen".[57a] Eine schwedische Flotte - bestehend aus vier in den Niederlanden gecharteten Schiffen - unterstützte die Aktion, indem sie von Mitte 1645 bis November 1646 auf der Elbe die Verbindung zwischen dem Erzstift und der dänischen Feste Glückstadt abschnitt.[58]

Wilhelm Tham nennt den Krieg gegen Dänemark schlicht "Angriffskrieg um die Hegemonie im Norden".[59]

Widerstand gegen eine zu starke Ausweitung der Machtstellung Schwedens baute sich schnell auf bei den ausländischen Mächten, allen voran in den Niederlanden und in Frankreich; beim Kaiser ohnehin. Die Erhaltung eines europäischen Gleichgewichtes der Kräfte spielte im 17. Jahrhundert eine außerordentlich wichtige Rolle. So kam es nach weniger als zwei Jahren im August 1645 zu dem Friedensschluss von Brömsebro.[60]

Mit den Ergebnissen hatte Schweden ein außenpolitisch zentrales Ziel erreicht: es war die führende Macht im Norden geworden.

- Für Schweden und auch seine baltischen Provinzen wurde die Zollfreiheit im Sund wieder hergestellt bzw. neu festgelegt; für die pommerschen Städte und Wismar die Zollsätze von 1560 wieder in Kraft gesetzt.

- Die dänischen Zölle vor Rügen und Glückstadt(!) wurden abgeschafft.
- Schweden erhielt zwei norwegische Provinzen und die Inseln Gotland und Ösel von Dänemark und behielt als Garantie für die Erfüllung der dänischen Verpflichtungen im Sund die südschwedische Provinz Halland auf 30 Jahre.

Obwohl der dänische Erzbischof Friedrich in den Frieden einbezogen wurde, weigerte sich Schweden, über eine Rückgabe des besetzten Territoriums Bremen-Verden auch nur zu sprechen. Friedrich möge sich doch direkt an die Königin wenden. Dieser versicherte sich der Fürsprache Frankreichs und auch der Niederlande, doch in Stockholm ging man auf Verhandlungen nur zum Schein ein.

Gründe hierfür finden sich in einem ausführlichen Brief, den der Reichskanzler Königin Christina bereits am 2. April desselben Jahres aus Kalmar geschrieben hatte.[61] Als Kenner der deutschen Kriegsschauplätze machte er der Königin erneut seinen Plan schmackhaft, die Gebiete zwischen Elbe und Weser als Kriegs-Satisfaktion zu fordern und empfahl ihr, die schwedische Delegation in Osnabrück entsprechend zu instruieren. Bisher habe man stets Augen gehabt für Pommern, schreibt Oxenstierna und fährt fort: "Aber es dünkt mich , dass Eure Königliche M:t nicht ohne Grund darüber hinaus das andere Auge auf die Stifte Bremen, Verden, Minden, Osnabrück und damit konsequent auf den Weserfluss richten könnte."

Oxenstiernas begründende Argumente hierfür waren geschickt und überzeugend ausgebreitet und deckten gleich mehrere Felder von Beweggründen ab:

"Diese Stifte haben zumeist evangelische Einwohner und Untertanen" (und passten damit in Schwedens religiös motivierte Kriegsziele),

"und die meisten unter denen haben keine ewige<n> Herrschaft<srechte>" (und eigneten sich damit besonders gut für die von der Königin sehr gern praktizierten Schenkungen für Dienste an Krone und Reich).

30

"Ebenso sind diese Lande trefflich gut gelegen, nicht allein wegen des Verkehrs und der Nachrichtenverbindungen, sondern insbesondere, weil sie Dänemark einkreisen und von seinen Verbindungen zu seinen besten Freunden und <Truppen>anwerbern abschneiden" (und also eigentlich bessere strategische Bedingungen gegen den Erzfeind Dänemark boten als z.b. Pommern),
"und weil sie (diese Lande) für Eure Königliche M:t die gesamte Weserseite Hollands und die halbe Elbeseite öffnen" (was militäriche und merkantile Möglichkeiten für Schwedens Zukunft eröffnen könnte).

Dass im Frieden von Brömsebro auch der dänische Zoll vor Glückstadt an der Elbe abgeschafft wurde, passt voll und ganz in Oxenstiernas Argumentation bezüglich des Elbflusses.Erst 1633 hatte der Kaiser dem dänischen König (in seiner Eigenschaft als Herzog von Holstein) den Glückstädter Zoll bewilligt, nach Auslaufen im Jahre 1637 jedoch nicht verlängert, woraufhin der Däne widerrechtlich den Zoll weiterhin erhoben hatte.Trotz kaiserlicher Proklamationen und Drohungen in den Jahren 1639, 1640 und 1641.[61a]

In einer Anzahl Reichsratsdiskussionen in der zweiten Hälfte des Jahres 1645 und in der ersten Hälfte 1646 wurden immer wieder die Argumente ausgetauscht, die für das Einbehalten der eroberten und besetzten Stifte sprachen. Zum Teil finden sich Oxenstiernas Argumente aus seinem Brief an die Königin in den Diskussionen wieder. In der Ratssitzung vom 22. Juli 1645 [62] wurden sowohl strategisch-militärische als auch politische und wirtschaftliche Gründe für ein Einbehalten Bremen-Verdens und damit für diese Satisfaktionsforderung auf dem Osnabrücker Kongress angeführt. Der Reichsdrost stellte fest, "dass das ein guter Fuß in der Westsee (Nordsee) sei, so wie eine Nasenklemme (capson) für Dänemark"; und Schweden erhielte "große Einkünfte und ein reiches Land". Ein anderes Ratsmitglied führte als politischen Grund an, dass die Gebiete Schweden bereits im Jahre 1634 vom Kaiser angeboten worden seien, und dass der Sohn des

31

dänischen Königs sich nicht an die (in den 30er Jahren vereinbarte) Neutralität gehalten habe.

In der Ratssitzung vom 19. März 1646 [63] kam der Reichskanzler selbst auf die Verhandlungsposition betr. Pommern zurück und meinte:"Bremen und Verden sind bestimmt so gut wie Hinterpommern"; darüber hinaus teilte er mit, dass sein Sohn in Osnabrück der Auffassung sei, man könne noch einige Ämter dazu gewinnen.

Mit seiner Argumentation hatte Oxenstierna Erfolg; und ebenso mit seiner Hinhalte- und Verzögerungstaktik. Erzbischof Friedrich wurde Anfang 1648 nach Ableben seines Vaters zum dänischen König gewählt; und die schwedische Position in den Osnabrücker Friedensverhandlungen war eher noch stärker geworden.

## Westfälischer Friede als Prozess -- Schwedens Akteure und Aktionen

"Ein Friede ist ebenso ein Prozess wie ein Resultat".[64] Dies trifft in besonderer Weise auf die Verhandlungen in Osnabrück und Münster zu. Zu dessen internen Faktoren zählte, wer einlud, wer wann eintraf, wer sich traf, wo man sich traf, wie man miteinander umging, worüber man Übereinkünfte erzielen wollte u.a.m.

Die ersten Delegationen reisten bereits 1643 an. Die - neben dem Kaiser - wichtigsten Teilnehmer Frankreich und Schweden hielten dann 1644 ihren prachtvollen Einzug. In Münster verhandelte der Kaiser mit den katholischen Mächten Frankreich, Spanien, Bayern, den Kurfürsten von Köln, Mainz und Trier, den katholischen Reichsständen und den protestantischen Niederlanden (Generalstaaten). In Osnabrück verhandelte der Kaiser mit den protestantischen Mächten Schweden, Brandenburg, Sachsen, Württemberg, Hessen und den Repräsentanten für die protestantischen Reichsstände. Nicht vertreten waren Polen, Russland, Türkei, England. Dänemark stellte ebenso wie Venedig nur eine Vermittlungsdelegation.

Die schwedische Delegation wurde formal geleitet von Johan Oxenstierna, Sohn des Reichskanzlers. Königin Christina hatte ihm ihre eigene Karosse zur Verfügung gestellt; mit einem Dutzend Hellebardenträger und mit großem Gefolge. Als zweiter Verhandlungs- und eigentlicher Wortführer reiste Johan Adler Salvius aus Hamburg an, der sich durch Geschick, Zuverlässigkeit und mit seinem Netzwerk an Verbindungen das besondere Vertrauen der Königin erwarb.[65]

Johan Oxenstierna und Adler Salvius kamen nicht gut miteinander aus, wozu noch beitrug, dass Johans Vater ab 1647 bei der Königin in Ungnade fiel und im Reichsrat an Einfluss verlor.[66] Christinas zahlreiche Günstlinge arbeiteten gegen den Reichskanzler. Unter ihnen war Gustav Gustafsson[67], illegitimer Sohn Gustav II Adolfs mit einer holländischen Offiziersfrau,

33

geadelt und mit großen Besitztümern ausgestattet, 1646 zum Reichsrat ernannt und als Botschafter in die schwedische Delegation nach Osnabrück entsandt. Damit er angemessen repräsentieren konnte, erhielt er von der Königin nicht nur 80.000 Reichstaler, sondern zusätzlich die Einnahmen aus dem zum Stift Verden gehörenden Amt Wildeshausen als Schenkung übertragen. Auf das Lehen mit den Einkünften aus dem Stift Osnabrück (das er seit 1634 innehatte) musste er allerdings verzichten.[67a]

Ursprünglich war in Vorverhandlungen der 1. Juli 1643 als Verhandlungsbeginn vereinbart worden. Das Datum ließ sich nicht halten; die zahlreichen Delegationen verstrickten sich bei und nach ihrem Eintreffen in zeitraubenden protokollarischen Streitereien. Und die zweite ausländische Garantiemacht Frankreich zögerte den Beginn immer wieder hinaus, um militärisch bessere Ausgangslagen zu schaffen. Was den Schweden nicht ganz ungelegen war.

Was den offiziellen Beginn der Verhandlungen indes nach Eintreffen der schwedischen und der französischen Delegationen noch einmal um viele Monate verzögerte, geht auf das Konto von Johan Adler Salvius.[68] Den schwedischen Gesandten beschäftigte die Teilnahme der deutschen Reichsstände. Bereits im November 1643 hatte er im Namen Schwedens Einladungen an die wichtigsten protestantischen Stände versenden lassen, - was einen gewaltigen Streit mit dem Kaiser verursachte.[68a] Dieser wollte ausschließlich mit den Kurfürsten verhandeln. Die Reichsfürsten aber bestanden auf Teilnahme aller. Unterstützt wurden sie neben Schweden und Frankreich nur vom Kurfürsten von Brandenburg, der damit seine antikaiserliche und proschwedische Haltung unterstrich. Salvius wiederholte in einem Schreiben vom 15. Februar 1644 an die protestantischen Fürsten erneut die schwedische politische Linie.

Bis der Kaiser endlich nachgab, vergingen viele Monate. Erst mit Schreiben vom 19. August 1645 lud auch er alle Reichsstände zur Teilnahme nach Osnabrück und Münster ein. Ein klarer Sieg für Schweden und für Salvius!

Die Delegationen trafen sich wechselweise in ihren Quartieren. Nur bei Beteiligung der deutschen Reichsstände brauchte man größere Räume. In Münster lief das Meiste schriftlich, in Osnabrück eher mündlich ab. In der Verwendung der Verhandlungssprachen zeichnete sich ein Bruch zwischen Altem und Neuem ab.Offizielle Sprache war das Lateinische; so natürlich auch in den Schlussdokumenten. Die französische Delegation benutzte in Schreiben nach Osnabrück nur das Französische, was die Schweden ärgerte; was sie auch nicht akzeptierten und in schwedischer Sprache antworteten. Hierzu passt ein Bericht über die folgende Sprachfehde zwischen Axel Oxenstierna und einem neu ernannten französischen Botschafter:[69] als dieser im Jahre 1644 im Stockholmer Schloss seine Antrittsgrüße aus Paris in französischer Sprache vortrug, antwortete ihm Oxenstierna auf schwedisch und ließ dies langsam Wort für Wort ins Lateinische übertragen. Nur vor der diplomatischen Hauptsprache ließ der Reichskanzler das Schwedische weichen.

In der in Osnabrück vorherrschenden mündlichen Kommunikation waren Johan Oxenstierna und Adler Salvius flexibler und verhandelten auch in deutscher Sprache; was in Osnabrück häufig vorkam. Beide beherrschten natürlich neben dem Lateinischen und Französischen auch die deutsche Sprache. Die Machtstellung der schwedischen Delegation auf dem Kongress war durch den militärischen Erfolg gegen Dänemark, aber auch durch das Verhandlungsgeschick Johan Adler Salvius' noch stärker geworden.

Die schwedische Delegation überstellte am 1. Juni 1645 - also mehr als zwei Monate vor der kaiserlichen Einladung an alle Reichsstände - die schwedischen Friedensvorschläge an die kaiserliche Delegation: Prima propositio conditionum pacis a Suedicis legatis Caesaraeae legationi exhibita.[69a] Hierin enthalten waren die schwedischen Forderungen bezüglich der Religionsfreiheit für die Reichsstände, bezüglich der Machtverschiebung zugunsten der Reichsstände und schließlich auch die Forderung nach Satisfaktion, ohne diese indes zu diesem Zeitpunkt zu spezifizieren.

Im Oktober 1645 ging die Antwort des Kaisers ein. Einer allgemeinen Restitution im Reich auf den Stand von 1618 sowie der Abhilfe der Gravamina der Reichsstände stelle er sich nicht entgegen. Was die schwedische Satisfaktion anginge, sähe er keine Schuldigkeit für sich, würde sich aber nicht widersetzen, sofern die Stände mit den Satisfaktionsforderungen einverstanden wären.[70]

Am 7. November 1645 spezifizierte die schwedische Regierung ihre finanziellen und territorialen Ansprüche: ganz Pommern, Wismar, Schlesien mit einer Reihe adliger Stifte (als Kompensation für Brandenburg gedacht), Bremen, Verden, Magdeburg, Halberstadt, Minden, Osnabrück. Als absolute Mindestforderung für Schweden hatte die Zentrale in Stockholm in ihrer Instruktion für die Osnabrücker Delegation ganz Pommern, Wismar, Bremen und Verden festgelegt.[71]

Am 28. Dezember 1645 erhielt die kaiserliche Delegation die Maximalforderungen, und im Januar 1646 lagen sie in Osnabrück auf dem Verhandlungstisch. Salvius hatte mit Unterstützung vor allem von Seiten Braunschweig-Lüneburgs, Sachsen-Weimars, Hessen-Kassels, Mecklenburgs und der Hansestädte gerechnet. Die Forderung nach ganz Pommern und Wismar verwandelte verständlicherweise die anfänglich wohlgesonnene Haltung Brandenburgs in offene Gegnerschaft. Die Forderung nach Bremen und Verden überraschte wegen des früheren Bündnisverhältnisses zum Erzbischof und wegen der militärischen Besetzung weniger, verursachte dennoch Misstrauen bei Braunschweig-Lüneburg und Mecklenburg.

Die strittigen Verhandlungen in der Pommernfrage sollten sich bis ins Jahr 1647 hinein erstrecken. Die vielen zwischen Osnabrück und Stockholm hin und her geschickten Berichte bzw. Instruktionen füllen große Teile der Bände 2 und 3 der Acta Pacis Westphalicae. Widerstand gegen die hohen schwedischen Satisfaktionsforderungen kamen auch von den europäischen

Nachbarn Niederlande, Polen und Dänemark; niemand wollte eine gänzlich unter schwedischer Herrschaft stehende Ostsee dulden.[71a]

Ein Blick in die Zentrale in Stockholm zeigt, wie sich zwischen 1645 und 1647 die Entscheidungen zur Führung der schwedischen Außenpolitik veränderten; verursacht durch die Maßnahmen der Königin in Richtung verstärkter Alleinregierung, durch die Vertrauenskrise zwischen ihr und dem Reichskanzler und schließlich auch durch die immer häufiger auftretenden krankheitsbedingten Abwesenheiten Oxenstiernas von Stockholm.[72]

Zunächst zur Frage, wie sich die außenpolitischen Beziehungen zu den wichtigsten Partnern Schwedens während dieser Jahre darstellten. Reichsmarschall Jakob de la Gardie gab laut Protokoll der Ratssitzung vom 1.Januar 1646 die folgende Einschätzung ab: "Schweden hat niemanden, der hilft, bis auf allein Frankreich; die Holländer sind eher eifersüchtig als dass sie hülfen".[73] Nach ausführlicher Untersuchung der außenpolitischen Lage für Schweden resümiert Wilhelm Tham lapidar: "riksmarsken bedömde situationen riktigt".[74]

Nachdem noch im November 1645 der Reichsrat als absolute Minimalforderung ganz Pommern, Wismar, Bremen und Verden festgestellt hatte, entschied der Rat im März 1646, dass Schweden sich auch mit Vorpommern, Wismar, Bremen und Verden begnügen könne, falls die Verhandlungen wegen Pommern zu scheitern drohten. Zwei Monate später, Ende Mai 1646, wollte der Rat wiederum an der Forderung nach ganz Pommern festhalten, was Anfang Juli noch einmal bekräftigt wurde. Mitte September 1646 führten Beratungen im Rat zu einer neuerlichen Direktive nach Osnabrück: nun wurden außer Vorpommern, Wismar, Bremen und Verden auch die Städte Stettin, Wollin, Cammin und Kolberg aus dem hinterpommerschen Gebiet gefordert.

Für die inkonsequente Haltung der Ratsmitglieder findet Tham diese Erklärung:[75] die Zentrale in Stockholm habe die Verhandlungslage jeweils nach den aus Osnabrück eingehenden Berichten der schwedischen Delegation beurteilt. Man habe die Verhandlungslinie - schon wegen der postalischen Zeitverzögerungen - im Großen und Ganzen der Delegation vor Ort überlassen, um "unabhängig von den übersandten Direktiven das Bestmögliche aus der Situation zu machen".[76] Die Verantwortung lag demnach in hohem Maße bei Johan Adler Salvius.

Während Reichskanzler Oxenstierna bis Ende 1646 den Erfolg für die Forderung nach ganz Pommern hoch einschätzte, neigte Adler Salvius zu milderen Friedensforderungen durch Schweden. Er arbeitete gegen Oxenstierna und berichtete immer wieder nach Stockholm, dass die Lage von Schwedens Seite Moderation verlange. Und es war Salvius, der das Wort in den Verhandlungen für Schweden führte.[76a]

Danach war es auch zuallererst seine Verantwortung, dass unter französischer Vermittlung am 28. Januar 1647 eine Vereinbarung zwischen Brandenburg und Schweden zustandekam, die die Pommernfrage der Lösung zuführte, dass Schweden sich mit Vorpommern und dem Teil von Hinterpommern begnügte, der am Ostufer der Oder lag.

Salvius' Stellung wurde beträchtlich gestärkt, indem er im März 1647 - gegen des Reichskanzlers Stimme - in den Reichsrat aufgenommen wurde und seitdem den Friedensverhandlungen noch stärker seinen Stempel aufprägen konnte; - unter dem besonderen persönlichen Schutz der Königin.[77]

Nach dieser Lösung machten die übrigen schwedischen Satisfaktionsforderungen keine größeren Probleme mehr. Der Kaiser und die Stände erklärten sich einverstanden mit der Überlassung sowohl Wismars mit Umgebung, wogegen nur der Herzog von Mecklenburg protestierte, als auch des Amtes Wildeshausen samt den Stiften Bremen und Verden. Schweden bestand dabei auf deren Säkularisation,[78] was zunächst vom Kaiser abgelehnt wurde, den Frankreich und der Papst

38

unterstützten. Für Königin Christina - und hierin war sie sich mit ihrem Reichskanzler einig - war die Säkularisierung unverzichtbar. Sonst sei das Territorium eher Beschwerde als Satisfaktion.

Die Argumentation der Königin in der Frage der Rechtsform der Überlassung der Stifte Bremen und Verden verdient einen Exkurs. Am 21. März 1646 reagierte die Königin in einer Instruktion an die schwedische Delegation auf Versuche Graf Trauttmansdorff, des kaiserlichen Gesandten in Münster, den geistlichen Status der Stifte doch zu retten. In einem vertraulichen Gespräch mit Salvius in Osnabrück kurz vor seiner Rückreise nach Münster hatte sich Trauttmansdorff gemüßigt gesehen, in Übereinstimmung mit seiner Verhandlungstaktik mit Schweden einerseits, mit Frankreich andererseits erneut darauf einzugehen, dass Schweden nur mit einem Reichslehen ad familiam rechnen könne.[78b] Das Lehen - so die Königin, die sich hier sowohl auf ihren Reichskanzler wie auf ihren Residenten in Hamburg stützte - müsse bei der „schwedischen Krone<allzeit verbleiben> und nicht bei den Familien, wie Trauttmansdorff aus der Natur der Lehen deduzieren will"; die Stifte Bremen und Verden müssten zu „erblichen Fürstentümern" umgewandelt werden.[78a] Zwei Monate später, am 30. Mai 1646, wiederholte sie diese Position in aller Ausführlichkeit und Bestimmtheit: Die Stifte Bremen und Verden „können nicht anders akzeptiert und entgegengenommen werden als jure principatus et ducatus, .... so dass diese für alle Zeiten bei den Königen und der Krone Schwedens verbleiben".[78c]
Das Trauttmansdorffsche frühe Angebot, die Stifte in weltliche Fürstentümer umzuwandeln, hatte zu empörtem Einspruch Frankreichs geführt. In seiner Einleitung zum Band 2 der Acta Pacis Westphalicae mutmaßt der Herausgeber Kohl, dass Frankreich diese Haltung wohl nicht nur aus katholischer Gesinnung einnahm, sondern auch mit Rücksicht auf sein zum Zerreißen gespanntes Verhältnis zum Papst. Deshalb läge der Verdacht nahe, Trauttmansdorff habe mit seinem Angebot in

39

Verhandlungen mit Salvius in Münster das Samenkorn gelegt für eine Entfremdung zwischen Frankreich und Schweden. Auch Odhner sah die Rolle Trauttmansdorffs so.[78d] Und Salvius, der in religiösen Fragen im Übrigen als völlig indifferent geschildert wird, riet noch am 4. Januar 1647 der Königin, Abstand von den Stiften zu nehmen, sollte die Säkularisierung nicht durchsetzbar sein.[78e]

Odhner[78f] berichtet übrigens von einem Gerücht, die Familie Oxenstierna (oder direkt Johan Oxenstierna) wünschte eine persönliche Belehnung mit den Herzogtümern. Er stützt sich auf Äußerungen Trauttmansdorffs in Briefen an den Kaiser über ein „Privatinteresse" Oxenstiernas. Ende 1646 jedoch erklärte Salvius, dass gleichzeitig mit dem zu Ende gehenden Einfluss des Reichskanzlers in Stockholm auch das „Privatinteresse" an den Stiften als gegenstandslos betrachtet werden könne.

Bis zum Vorvertrag von 1647 hatte sich Schweden durchgesetzt, und als weltliche Territorien wurden sie in den Friedensvertrag übernommen.[79]

Die Säkularisation hatte zur Folge, dass die geistlichen Stände aufgehoben wurden. Der Reichskanzler hatte schon 1646 im schwedischen Reichsrat gefordert, dass der Geistlichkeit jeder politische Einfluss genommen werden müsse. Damit führte er eine alte schwedische Politik fort: die Einziehung aller geistlichen Güter in Schweden hatte Gustav Vasa ja bereits über 100 Jahre vorher für die schwedische Krone besorgt.

Die Aufhebung der bremisch-verdischen Kapitel berührte die Interessen des Adels in dem Territorium empfindlich; fielen doch wichtige Versorgungsmöglichkeiten für seine Angehörigen weg.[80]

Die eingezogenen Güter wurden zu sogenannten "Tafelgütern" der schwedischen Krone und sollten eine wichtige Rolle in der schwedischen Schenkungspolitik spielen.

Was die übrigen Friedensvertragsforderungen Schwedens anging - Restitution auf 1618, Machtstellung der Reichsstände - konnten Frankreich und Schweden gemeinsam weitgehend ihre

politische Linie umsetzen, so dass im Frühjahr 1647 die
Ergebnisse des Friedensschlusses weitgehend festgelegt waren.
Nachdem die schwedische Regierung die überzogenen
Forderungen ihrer eigenen Armeeführungen (20 Millionen
Reichstaler) Schritt für Schritt modifiziert hatte, wurde die
Satisfaktionssumme schließlich auf ca. 5 Millionen Reichstaler
festgelegt; auch dies unter wesentlichem Einfluss von Adler
Salvius.
Ende Juli 1648 konnten die Friedensdokumente zwischen
Schweden, dem Kaiser und den Reichsständen aufgesetzt werden;
unterzeichnet wurden sie am 14. Oktober 1648.

 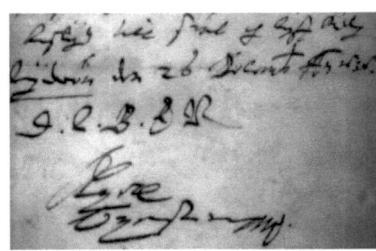

Reichskanzler Axel Oxenstierna mit Unterschrift und Wappen

Vapensköld för ätten Oxenstierna av Eka och Lindö

## Vor dem Friedensschluss - Schweden schafft Fakten in Bremen-Verden

Dem Spross eines brandenburgischen Geschlechts Hans Christofer von Königsmarck, der sich im schwedischen Heer geschickt und sehr erfolgreich Verdienste und Beförderungen erarbeitete[81], versprach 1645 der schwedische Oberbefehlshaber Torstensen, ihn zum Gouverneur über Bremen und Verden einzusetzen, sobald er das Gebiet erobert habe. Königin Christina bestätigte die Einsetzung in das Amt am 18. Juni 1645;[82] noch vor Beendigung des schwedisch-dänischen Krieges und Monate bevor die schwedische Verhandlungsdelegation in Osnabrück die Forderung nach Bremen-Verden offiziell auf den Tisch brachte! Königsmarck fragte ab 1646 mehrfach schriftlich in Stockholm nach Instruktionen für den Verwaltungsaufbau in den eroberten Gebieten.[83] Als er keine Antworten erhielt, setzte er fähige einheimische Beamte und Juristen vornehmlich aus Stade als Rentmeister und Kanzleiräte für die zivile Verwaltung ein; "wohl mit Zustimmung Johan Oxenstiernas und Adler Salvius' ", wie Böhme mutmaßt.[84] Erst in der zweiten Hälfte des 17. Jahrhunderts konnte Schweden auf deutlich mehr angemessen ausgebildetes schwedisches Verwaltungs- und diplomatisches Personal zurückgreifen, was den Anteil ausländischer Diplomaten in schwedischen Diensten allmählich abnehmen ließ.[85]
Als Königsmarck bereits Ende 1645 damit begann, die Bevölkerung auf die schwedische Krone zu vereidigen, ordnete der Reichskanzler im März 1646 an, damit bis nach Abschluss der Friedensverhandlungen zu warten. "....kann der Herr Generalleutnant .....leicht ermeßen, das bey so gestalten Sachen von mir etwas gewißes darinnen nicht woll decerniret werden kan, sondern alles auf die Zeit undt event gerichtet werden muß".[86]

Ähnlich vorsichtig ging die Königin in Sachen Schenkungen von Kloster- und Kirchengütern vor. Um ihre Verfügungsgewalt über Bremen-Verden vor Abschluss der Friedensverhandlungen nicht allzu auffällig zu demonstrieren, stellte sie zunächst nur Anwartschaften ("Expektanzen") auf Klostergüter aus.[87]

Vergleichbare Vorsichtsmaßnahmen waren nicht notwendig in der Ordnung der militärischen Versorgung in dem eroberten Gebiet.[88] Bereits im April 1645 wurde auf Königsmarcks Instruktion hin die Eintreibung der monatlichen Kriegssteuer (Kontribution) der Bevölkerung geregelt. Nur Stade und Buxtehude waren befreit, da sie stattdessen zum Ausbau von Verteidigungsanlagen herangezogen wurden und den einquartierten Soldaten Wohnung und allen nötigen "Service" gewähren mussten.[89] Als ständige Garnison waren 12 Infanteriekompanien - zu je 150 Mann - vorgesehen.[90]

Böhme weist auf die große Bedeutung dieses von Schweden für seine Kriege aufgebauten Finanzierungssystems hin, das auf Bargeldzahlungen beruhte, indem alle Kriegsauflagen durch Geld abgelöst wurden; ausgenommen die Stellung von Pferden durch den Adel. "Die Zahlungen schöpften zwar die Gewinne ab, doch andererseits gaben die Schweden den größten Teil des Geldes sicher in den Stiften wieder aus.Die Lieferungen und Arbeiten für das Heer wurden bezahlt. Die Soldaten mussten in den Gasthöfen auf ihre Kosten essen und trinken, denn aus dem Magazin erhielten sie nur etwas Brot".[91] In Schreiben an Königsmarck und Adler Salvius Anfang 1649 verbot die Königin ausdrücklich, Magazingetreide von der Bevölkerung zu fordern - außer im Notfall.[92] Nur wenn Landwirtschaft, Handel und Gewerbe der Bevölkerung bewahrt wurden, blieb auch die Unterhaltsbasis der zu versorgenden schwedischen Truppen erhalten.

Böhme hat errechnet und belegt, dass Schweden in den vier Jahren der Besetzung Bremen-Verdens vor dem Friedensschluss (1645-1648) rund 200.000 Reichstaler jährlich erhielt; "beachtliche Gelder". "Die Bevölkerung wurde dabei nicht härter

44

belastet, als wenn der Landesherr Truppen hielt. Gewisse Gruppen, etwa Gastwirte und Handwerker, profitierten von der Kontribution, gaben die Schweden sie doch bei ihnen teilweise wieder aus".[93]

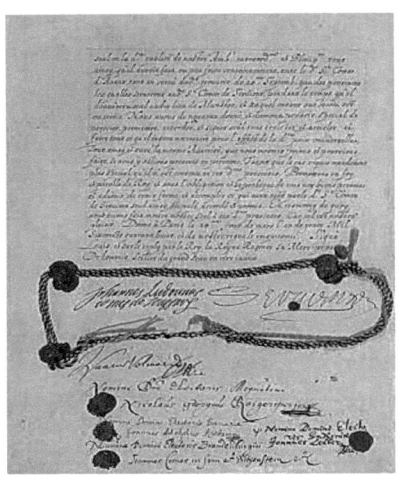

**Der Westfälische Friede als Resultat - Schweden erreicht nicht alles**

Das offizielle Friedens-Schlussdokument in zwei Teilen wurde von allen Delegationen in Münster und in Osnabrück unterzeichnet. Im Staatsarchiv in Wien liegen die beiden lateinischen Originaldokumente; eine Kopie befindet sich im Reichsarchiv in Stockholm.[93a]

Die aus schwedischer Perspektive wichtigsten Ergebnisse:

- Schweden erhielt an Satisfaktionsgeldern (Ersatz für Kriegskosten im Allgemeinen und für angeworbene Truppen im Besonderen) etwas mehr als 5 Millionen Reichstaler; von sieben Reichskreisen (inklusive den in Norddeutschland gelegenen) aufzubringen.
- Schweden erhielt Vorpommern mit Rügen und Usedom, einen Teil Hinterpommerns mit Stettin und Wismar, die säkularisierten Bistümer Bremen und Verden als Reichslehen.
- Schweden erhielt das "privilegium de non appellando"; d.h. für die schwedischen Provinzen in Deutschland konnte es eine eigene Gerichtsbarkeit mit eigenem Oberappellationsgericht (in Wismar) als Berufungsinstanz aufbaueDie Rechtsstellung der Stadt Bremen wurde im Artikel X § 8 dergestalt beschrieben, dass keine letztliche Klarheit hergestellt war. Schweden hielt an der Interpretation fest, sie sei Teil seiner Provinz Bremen-Verden. Die Stadt verteidigte den Status einer Reichsunmittelbarkeit.
- Zusammen mit den Niederlanden, einigen Reichsfürsten und der Stadt Bremen wollte auch Schweden den Elsflether Weserzoll der Grafen von Oldenburg abgeschafft sehen; hier konnte sich Schweden gegen die Mehrheit der deutschen Fürsten und den Kaiser nicht durchsetzen.[94]

Für die Detailverhandlungen um die Satisfaktionszahlungen an Schweden und die Demobilisierung der Armeen auf Reichs-Territorium wurde für Juli 1649 ein besonderer "Exekutionstag" nach Nürnberg einberufen.[95] Schweden war Hauptbetroffener mit seinen mehreren Armeen - große Teile davon Ausländer - und mit 90 Garnisonen.

Der höchste schwedische Befehlshaber in Deutschland, Thronfolger Karl Gustav, war neben dem kaiserlichen General Piccolomini wichtigster Kongressteilnehmer; er ließ sich nicht ungern als ungekrönter König der Nürnbergbankette feiern. Insgesamt sollte Schweden die Summe von 5.261.040 Reichstaler erhalten. Es erließ jedoch etlichen seiner deutschen Bundesgenossen insgesamt mehr als 350.000 Reichstaler. Auch die restliche Summe war kein reiner Gewinn, da Unkosten für Wechseltransaktionen in Höhe von über 14.000 Reichstaler anfielen.

Jeder abgedankte Fußsoldat der schwedischen Armeen erhielt 12 Rt, jeder Reiter 33.[95a] Karl Gustav als Oberbefehlshaber bewilligte sich selbst 80.000 Rt und General Wrangel 60.000 Rt. Reichsrat Magnus Gabriel de la Gardie, der im Einsatz des Krieges nicht sonderlich auffällig gewesen war, bekam 45.000 Rt., die Generäle Torstensen und Horn je 40.000 Rt , Reichskanzler Axel Oxenstierna 30.000, dessen Sohn Johan 15.000 und Adler Salvius 10.000 Reichstaler.[96]

Zum Abschluss des Kongresses im Sommer 1650 hatte Schweden Soldaten auf deutschem Reichsboden nur noch im schwedischen Pommern und in den bremisch-verdischen Garnisonen.[97]

Während die Königin vor Abschluss der Friedensverhandlungen die vor Ort in der Provinz Bremen-Verden Tätigen zu Vorsicht und Rücksicht im Umgang mit der Bevölkerung ermahnt hatte, erließ sie nun bereits am 5. Februar 1649 eine Präliminarordnung für die Verwaltung der jetzigen Herzogtümer Bremen und Verden;

gestützt auf genaue Angaben des von Königsmarck eingestellten ehemaligen Stader Bürgermeisters Höpken.[98]
Einen Tag späster, am 6. Februar 1649, wurde Höpken von der Königin in den schwedischen Adelsstand erhoben und zum Reichsrat ernannt. Es gibt Belege dafür, dass sie den Rat- und Vorschlägen des Stader Juristen mehr Gehör schenkte als denen des ehrgeizigen und eigenwilligen Militärs Königsmarck.

## Selbst- und Fremdeinschätzungen der neuen außenpolitischen Lage 1648

Im schwedischen Reichsrat angestellte Überlegungen zu außenpolitischen Themen erlauben einen Einblick hinter die Kulissen offizieller Verlautbarungen; die Protokolle seit 1645 bis in die 70er Jahre sind erhalten und breit ausgewertet. Auch Björn Asker hat dies für seine neue Biografie über Karl X Gustav ausführlich getan. Er referiert Grundsatzüberlegungen im Rat zur Außenpolitik vom Dezember 1654.[99] Eine Art Bestandsaufnahme zu Schwedens außenpolitischer Lage nach Ableben des erfahrenen Reichskanzlers Axel Oxenstierna im September 1654 und wohl mit dem als neuen Reichskanzler gerade ernannten Sohn Erik Oxenstierna. Der 21 Jahre junge, erst vor Kurzem zum Reichsrat ernannte Bengt Skytte meinte in dieser Beratung, dass Schwedens Erfolge auch teilweise darauf beruhten, dass es früher die schwächste Macht im Norden gewesen war und dass deshalb andere Mächte aus Mitleid gern geholfen hätten. Das sei nun vorüber, "nun, seit wir so groß geworden sind, begegnet uns großer Neid von allen"; "nun ist die ganze Welt neidisch auf unsere Macht".[100]

Solcher Neid, ja, auch deutliche Abneigung, war schon gegen Ende der Friedensverhandlungen gelegentlich zu hören gewesen. Asker berichtet hierüber im Zusammenhang mit Thronfolger Karl Gustavs Streit auf dem Exekutionskongress mit den Franzosen über die Festung Frankenthal (an einem Rhein-Nebenfluss gelegen). Der französische Gesandte in Stockholm, Pierre Chanut, konnte nur unter großen Mühen eine Übereinkunft herbeiführen und schrieb an seinen Ersten Minister, Kardinal Mazarin, dass er überhaupt nicht verstünde, weshalb Karl Gustav die Abhängigkeit Schwedens von Frankreich partout nicht einsehen wolle. Die Schweden hätten ihre Siege schließlich mit deutschen Truppen und französischem Geld errungen. Und Nachbarstaaten wie auch der Kaiser wünschten nichts sehnlicher, als dass die Schweden sich endlich wieder zurückzögen in "ihre frühere Unbemerktheit von dieser Seite der Ostsee aus".[101]

Einer der Chronisten der schwedischen Außenpolitik im 17. Jahrhundert, Georg Landberg, fasst die Situation kurz nach dem Westfälischen Friedensschluss wie folgt zusammen: "Schon ein Blick auf die Karte ergibt, dass eine dauerhaftere Friedenspolitik so gut wie unmöglich war. Das Ostseereich war unvollendet, das Staatsgebiet zersplittert und uneinheitlich, die Nachbarschaft unsicher oder gefährlich."[102]

Schweden hatte viel erreicht im Vergleich zur Lage vor dem Eingreifen in den 30-jährigen Krieg. Doch musste man jede Errungenschaft mit einem sorgenvoll in die Zukunft gerichteten "Aber" verknüpfen.

- Erzrivale Dänemark war vom Platz 1 im Norden verdrängt. Aber die Dänen saßen immer noch auf beiden Seiten des Öresunds und bedrohten nach wie vor schwedisches Kernland. Und des alten Reichskanzlers weiter bestehende Beunruhigung über die keineswegs befriedeten Beziehungen zu Dänemark und Polen schien berechtigt.
- Die neu gewonnenen Provinzen an Ost- und Nordsee stellten zur der Ostsee-Handelswege einerseits, zur Abwehr möglicher Angriffe von Süden andererseits einen beachtlichen Gewinn dar. Aber das Fehlen der Stadt Bremen machte den Besitz zwischen Elbe und Weser unvollkommen. Und mit dem mächtigsten norddeutschen Staat, Brandenburg, konnten wegen der Pommernfrage in der Folgezeit ernste Konflikte heraufziehen.
- Die rechtlichen Grundlagen für den politischen Einfluss im römisch-deutschen Reich waren gelegt. Aber daraus erwuchsen auch Rücksichten und Abhängigkeiten. Und die vielen neuen Nachbarn hätten in ihrer Nachbarschaft sicherlich lieber schwächere Reichslehensträger gesehen als das mächtige Schweden. Und "als die deutschen Freiheiten gerettet waren, fühlten die norddeutschen protestantischen Reichsstände kein Bedürfnis mehr nach Schwedens Unterstützung und Hilfe",

52

konstatiert Wilhelm Tham abschließend.[10]

- Handelspolitisch waren die wichtigen Transportwege von den Häfen um die Ostsee herum zu den Nordseehäfen der wirtschaftlich stärkeren Handelskonkurrenten England und Holland besser abgesichert als vor dem großen Krieg. Doch die Niederländer behrrrschten nach wie vor große Teile des Ostseehandels. Schweden war auf niederländische Kredite und auf niederländische Schiffstonnage angewiesen. Und die Konkurrenz durch die wachsende Eisenerzproduktion der Engländer bedrohte die für Schwedens Finanzhaushalt so wichtigen Erlöse aus dem eigenen Export.
- Finanziell konnten Truppen, Offiziere und Diplomaten für ihre Dienste ausbezahlt werden; ja, es konnten mit einem Teil der Satisfaktionsgelder sogar Kriegsschulden aus Gustav II Adolfs Zeiten beglichen werden. Ob allerdings die Einnahmen aus den neuen Provinzen im Süden positiv für den schwedischen Reichshaushalt genutzt werden könnten, war unsicher. Mussten davon schließlich die Verwaltungs- und Militärausgaben in den Provinzen selbst beglichen werden.

## Die Rolle Bremen-Verdens in den außenpolitischen Zielen und Maßnahmen der schwedischen Regierung nach 1648

Der Historiker und ehemalige Diplomat Gunnar Wetterberg kommt am Schluss seiner großen Oxenstierna-Biografie zu der folgenden Wertung:
"Im Nachhinein nimmt sich die schwedische Position in Deutschland wie ein Zwischenspiel aus, auch wenn die Verbindung mit Pommern eine zeitweise wichtige kulturelle Brücke während der nächsten 150 Jahre blieb. ...... Weder die Nordsee noch der Platz im Reichstag sollten in der schwedischen Politik eigentlich je genutzt werden, aber das vermochte der Zeitgenosse kaum vorauszusehen".[104]
Richtig. Nicht "efterklokhet" soll diese weitere Untersuchung bestimmen. Vielmehr sollen politische Entscheidungen im Schweden der zweiten Hälfte des 17. Jahrhunderts in dem oft sehr komplexen Geflecht von Abhängigkeiten beurteilt werden. Abhängigkeiten von innen- wie außenpolitischen Situationen, Möglichkeiten, Widrigkeiten; Abhängigkeiten auch von den jeweils handelnden Persönlichkeiten.

## Die neue schwedische Verwaltungs- und Haushaltsstruktur Bremen-Verdens und die Belastungen der Provinz

Etwas später als in Pommern wurde 1650 für die neue Provinz Bremen-Verden eine Einrichtungs-Kommission bestellt,[105] die die neue Verwaltung in der Provinz zu ordnen hatte. Sie bestand aus in Deutschland tätigen, in schwedischem Dienst stehenden Kommissaren (wie z.B. Königsmarck, Höpken, Adler Salvius) neben erfahrenen schwedischen Adligen (wie z.B. Wrangel, Johan Oxenstierna, Björnklou und Schering Rosenhane). Die Königin unterzeichnete im Januar 1651 eine von Adler Salvius und dem Reichskanzler entworfene Instruktion. Davor - im November 1650 - hatte Oxenstierna zusammen mit Adler Salvius die aus Stade angereisten Provinzstände angehört.[106] Die Stände mussten

55

sich gefallen lassen, dass die hergebrachten Privilegien aus
erzbischöflichen Tagen der neuen Zeit angepasst würden, vor
allem in Fragen der Gerichtsbarkeit und politischen Mitwirkung.
Die Königin gedächte ihre landesherrlichen Hoheitsrechte in
vollem Umfang wahrzunehmen. Unter dem Begriff "Wahrung
von Rechten der Stände" verstanden beide Seiten nicht dasselbe.
Drei der Kommissare beriefen von Stade aus die bremisch-
verdischen Landstände für April 1651 nach Bremen ein, um über
die Huldigung zu beraten.[107] Die Stadt Bremen entsandte keine
Verteter; sie pochte auf ihrem Status als Freie Reichsstadt. Die
Huldigungszeremonie kam aufgrund sich hinziehender
Verhandlungen erst im Juli 1651 in Stade zustande.[108]
Der Regierungs- und Verwaltungsaufbau wurde mit der am 20.
Juli 1652 erlassenen Regierungsordnung in Kraft gesetzt.[109]
Neben einem Justizkollegium (für Justiz und Polizei) und einem
Konsistorium (für Kirchen und Schulen) sollte die
Regierungsgewalt (für Reichs-, Kreis-, Militärsachen, Inneres,
Finanzen) in den Händen von vier Räten des "Geheimen Rates"
liegen: Generalgouverneur, Kanzler, je ein schwedischer und ein
bremisch-verdischer Rat von Adel.
Sowohl Böhme[110] als auch Fiedler[111] gehen der Frage nach,
welche Auswirkungen die schwedisch-deutsche Mischung auf die
Regierungsgeschäfte der Provinz hatte. Beide würden wohl den
folgenden Aussagen ihre Zustimmung geben können; in dieser
Reihenfolge:

- Unter dem Einfluss des erfahrenen Staatsmannes Axel
  Oxenstierna erhielt die Provinz mit einem Schlage eine
  moderne, effiziente und recht dauerhafte
  Verwaltungsstruktur; schneller als in
  Nachbarfürstentümern denkbar.
- Oxenstiernas Handschrift zeigt sich auch in der klugen
  Mischung aus Zentralisierung von
  Verantwortungsbereichen (Reichs-, Militär-,
  Finanzangelegenheiten) und Kollegialprinzip: Schreiben
  der Regierung zu Stade bedurften immer der Unterschrift

56

des Gouverneurs und zumindest des Kanzlers.[112]

Die Amts- und Verkehrssprache im Geheimen Rat war schwedisch, in den anderen Verwaltungsbereichen deutsch; eine Folge vor allem der Nationalität des Personals.[113] Der oberste schwedische Verwaltungsbeamte in Stockholm, Reichsdrost Per Brahe, sah sich im Jahre 1661 veranlasst, die deutschen Provinzen in der Sprachenfrage daran zu erinnern, dass das Deutsche und das Schwedische gleichgestellt seien.[114] War ihm zu viel in deutscher Sprache untergekommen?

Zur Einschätzung der Verteilung von Einfluss und Macht zwischen den Provinzständen, der Stader Provinzregierung und der schwedischen Zentrale soll zunächst der Blick nach Schweden selbst gerichtet werden.

Mit der 42-jährigen Reichskanzlerschaft Axel Oxenstiernas hatte Schweden eine effiziente Verwaltungs-, Gerichts- und Haushaltsstruktur erhalten. Mit Erfolg waren die Einnahmen der Krone auf Bargeldwirtschaft umgestellt worden, indem Abgaben und Dienste der Bevölkerung in aller Regel mit Geldzahlungen abzulösen waren. Da aber ein beträchtlicher Anteil am Grund und Boden des Landes im Besitz des Hochadels sich befand, waren die Einnahmen der Krone entsprechend geschmälert. Dieser Anteil vergrößerte sich während der langen Kriegsjahre durch Verkäufe von Krongut, durch Entlohnung für Dienste für die Krone (Donationen, d.h. Verleihung von Krongut), durch Schuldverschreibungen für die Aufnahme von riesigen Kreditsummen. Gegen Ende des 17. Jahrhunderts schätzt die neuere Forschung, dass zwei Drittel des Landes "frälseland" (Adelsland) war. Der schwedische Adel beherrschte mit den zwei Klassen "herreståndet" (Grafen, Freiherren) und "riddarståndet" (kleine Adlige, Reichsräte, auch nobilitierte Bürgerliche) den Reichstag.

Der Adel bekräftigte seine Position im regierenden Reichsrat gegenüber der Krone jeweils während der langen Vormundschaftsregierungen nachhaltig, musste im Verlauf der zweiten Hälfte des Jahrhunderts - vor allem unter Karl XI und Karl XII - allerdings mehrfach heftige Schübe absolutistischer "envälde" (Alleinherrschaft) durch die Krone ertragen. Während solcher Phasen versuchten die Könige, mittels sogenannter Reduktionen Krongut vom Adel zurück zu erhalten; mit wechselndem Erfolg.

Zurück zur Provinz Bremen-Verden. Die Lage der Stände um 1650 beschreibt Böhme:[115] Die geistlichen Stände waren aufgehoben; blieben also die Ritterschaft des Herzogtums Bremen, die des Fürstentums Verden, die Städte Stade, Buxtehude und Verden. Die Stadt Bremen blieb draußen vor. Von Königin Christina hatten Adel und Städte nur allgemeine Versicherungen erhalten, deren Privilegien und Rechte zu achten. Alles sollte jedoch erst durch Kommissare geprüft und ausgehandelt werden. Durch die Donationen, d.h. die Verleihung des größten Teiles der königlichen Tafelgüter, zu denen auch die säkularisierten Kirchengüter zählten, als Entlohnung an Offiziere und Beamte war ein neuer Adel in die Provinz gekommen. Schon vor dem Friedensschluss 1648 hatte die Königin eine große Zahl der Tafelgüter verliehen, dabei aus vorsichtiger Taktik die Formulierung Donation als "Expektanz" benutzt. Unter den Beliehenen befanden sich nur wenige Eingesessene und die Stadt Stade. Der weitaus größte Teil der Güter war in die Hände von - in den empörten Augen der alten Landstände - "Ausländern" geraten.Damit waren nicht nur gebürtige Schweden gemeint, sondern auch andere nicht im Lande Geborene.
Böhme behandelt diese bremisch-verdischen Donationen detailliert in einem gesonderten Anhang.[116] Aus der vollständigen Liste wird die Empörung der alten Landstände verständlich; waren unter ihnen doch mehrere Leibärzte und ein Bibliothekar der Königin, ein Dutzend schwedischer Reichsräte, mehrere schwedische oder in schwedischem Dienst stehende hohe Offiziere, schwedische Staatssekretäre.Unter ihnen befinden sich auch Angehörige der Stader Regierung; an der Spitze - mit den

58

meisten Verleihungen überhaupt - der Generalgouverneur von Königsmarck.

Diese Donationen werden zu Recht als Beitrag der Provinz Bremen-Verden zur Satisfaktion der schwedischen Offiziere und Beamten gewertet.[117] Offensichtlich hatten die von den Reichskreisen gezahlten Satisfaktionsgelder nicht ausgereicht. Oder aber Karl Gustav als Verteiler nach Ende des Exekutionskongresses von Nürnberg hatte sich und die hochadligen Armeeführer zu großzügig entschädigt!

Eine weitere Erklärung für den 'Totalausverkauf' der Tafelgüter in Bremen-Verden liegt sicher auch in der Überzeugung Axel Oxenstiernas begründet, der sich die Königin anschloss, dass die Güter in Privathand besser bewirtschaftet würden. Der Staatshaushalt müsse auf Bargeldeinnahmen beruhen; von Naturalabgaben habe die Krone wenig Nutzen.[118]

Königin Christina hatte verlangt, dass die eingesessene Ritterschaft mit den 'Donatarien' zusammen einen neuen Adelsstand bildete. Es sollte ein Jahrzehnt dauern, bis dies endlich 1663 realisiert wurde.[119] Die jeweiligen Interesen waren sehr unterschiedlich. Vor allem die wirtschaftlichen Interessen der hochadligen schwedischen 'Donatarien' in der Stader Regierung selbst standen einer Lösung der Frage lange entgegen. Dabei ging es auch um die von König Karl X Gustav sowohl für das schwedische Reich wie für die schwedischen Provinzen in Deutschland geforderte Reduktion (Rückgabe) von verliehenem Krongut. Für Bremen-Verden musste der König mit Rücksicht auf die zahlreichen hohen schwedischen Beamten in Stade und Stockholm zurückstehen; - besaßen sie doch rund 39% der in Bremen-Verden verliehenen Tafelgüter.[120] Königsmarck gehörte neben Hamburger und Amsterdamer Bankiers außerdem zu den wichtigsten Kreditgebern für die Krone.

Als zu Beginn der 60er Jahre - in den ersten Jahren der Vormundschaftsregierung für Karl XI - eine Liste mit den zahlreichen Gravamina der bremischen Stände zunächst einer

59

Kommission zur Prüfung und danach dem Reichsrat zur Entscheidung übergeben wurde, hatten die ´Donatarien` in der Provinz darauf verzichtet, eigene Delegierte mit nach Stockholm zu senden.[121] Der Stader Generalgouverneur von Königsmarck hatte zu den Gravamina deutlich im Sinne einer landesherrlich-absolutistischen Prärogative Stellung bezogen. Bevor die Kommission ihre Arbeit abschließen konnte, verstarb allerdings Königsmarck im Februar 1663 in Stockholm.[122] Die vom Reichsrat eingesetzte Kommission machte sich in ihrem Vorschlag stärker die landständische Argumentation zu eigen. Reichskanzler de la Gardie wiederum wollte den Landständen nicht so weit entgegenkommen, blieb in der Debatte im Reichsrat aber isoliert und schloss sich der Mehrheitsentscheidung des Rates an, der dem Kommissionsvorschlag weitgehend folgte. Böhme ist zuzustimmen, dass die Motive der Reichsräte für diese ständefreundliche Entscheidung im Jahre 1663 sicher darin zu finden sind, dass sie ja auch für Schweden keine absolutistische Regierung wünschten.

Böhme hat anhand der umfangreichen Quellen zu den bremisch-verdischen Staatsfinanzen die Frage untersucht, ob der - von Stockholm ausgearbeitete und auch geprüfte - Haushalt der Provinz ausschließlich für Provinzausgaben oder auch für andere schwedische Verbindlichkeiten und Interessen verwendet wurde. Dabei untersucht er detailliert die Erklärung einer schwedischen Haushalts-Prüfungskommission von 1671, dass der bremisch-verdische Haushalt sich einigermaßen selbst trage.[123] Auch an anderen Stellen wird von schwedischer Seite des Öfteren der finanzpolitische Grundsatz wiederholt, dass die neuen schwedischen Provinzen auf reichsdeutschem Boden sich selbst zu tragen hätten.[124] Das bedeutete, dass sie - im Prinzip - ohne schwedische Zuschüsse auskommen müssten und auch ihre Schulden selbst abzutragen hätten.[125] Dem entsprach auf der anderen Seite der Wunsch der bremisch-verdischen Stände, keine Leistungen für andere Teile des schwedischen Gesamtreiches erbringen zu müssen.

Der Grundsatz erscheint einleuchtend. Doch - so argumentiert Böhme zu Recht - war es "diskutabel und gar nicht abzugrenzen, welcher Garnisonen und Beamten es an sich in den Herzogtümern bedurfte und welcher, weil sie in Personalunion mit Schweden verbunden waren."[126]

Es ist bereits darauf hingewiesen worden, dass ohne Zweifel die Donationen an Personen, die sich zuvörderst um Schweden und nicht um Bremen-Verden verdient gemacht hatten, Beiträge der Herzogtümer an Schweden bedeuteten. Das galt dann auch für die Leistungen, die die Provinz z.B. für die von Karl X Gustav für seine Kriege in Osteuropa und gegen Dänemark angeworbenen Truppen aufgebracht hatte. Und die geografische Lage Bremen-Verdens einerseit, die Tatsache andererseits, dass der finanzmächtige Königsmarck gleichzeitig Provinzgeneralgouverneur und schwedischer Armeeführer war, führte dazu, dass die Provinz 1655-1660 "zu einem der wichtigsten schwedischen Aufmarschgebiete" wurde.[127]

Aus der Aufstellung der jährlichen Einnahmeposten durch die Kontribution und der Ausgabeposten für Einquartierungen aus den Jahren 1645-1676 lassen sich die Kriegsbelastungsjahre 1645-48, 1654 und 1655, 1656-1661, 1666 und 1668, 1672-1675 deutlich ablesen.[128]

Im Jahr 1654 - dem letzten Jahr des ersten schwedischen Krieges gegen die Stadt Bremen - mussten die bremisch-verdischen Schatzpflichtigen insgesamt 60.000 Reichstaler mehr an Kontribution zahlen als in der Regierungsordnung festgelegt; verursacht durch erwartete Truppenverstärkungen aus Wismar und Pommern.[129] Auch in der zweiten Hälfte der 50er Jahre war die Belastung der Herzogtümer durch den 1. Nordischen Krieg deutlich höher als in den letzten Jahren des 30-jährigen Krieges. Außerdem zahlten die Einwohner etlicher Bezirke in den Monaten Juli 1657 bis Mai 1658 wiederholt den Dänen Kontribution, was die Schweden zeitweilig dulden mussten, da sie die Bevölkerung anders nicht gegen die Dänen schützen konnten.[130]

1664 mussten die Stände Kriegssteuern für den Kaiser
bewilligen[131] - es sollte ein Reichsheer gegen die Türken
aufgeboten werden; Steuern, für die Schweden keine
Verringerung der über Stade einzutreibenden schwedischen
Kontribution zugestand. Außerordentliche Kontribution forderte
Schweden auch in und nach dem zweiten Bremenkrieg 1666-
1668 und ab 1672 für die Erhöhung der Verteidigungsbereitschaft
sowie 1675-1676 für die Verteidgung der Herzogtümer.[132] Ab
1673 wurden jedoch von Seiten Schwedens Subsidien gezahlt.
Böhme kommt in seiner Schlussbetrachtung zu folgender
Beurteilung:[133] Unter Christina und Karl X Gustav leisteten die
Herzogtümer erhebliche Beiträge für das Gesamtreich. Dazu
gehörten die Mittel für die Kriegsfinanzierung 1645-1648,
zweifellos die Donationen der Tafelgüter, auch die meisten der
seit 1645 gezahlten Pensionen für ehemalige Soldaten oder deren
Hinterbliebene, ebenso die Beiträge für den Unterhalt der
Wismarer Garnison und schließlich Gehälter für in Deutschland
und Holland tätige schwedische Diplomaten. Besonders hoch
waren die Beiträge für Schweden während der Feldzüge Karls X
Gustav 1655-1660 in Osteuropa und gegen Dänemark. Auch in
den Jahren 1666-1668 und 1672-1676 brachten die Herzogtümer
hohe Anteile der Kosten für das im Interesse des Gesamtreiches
gehaltene Heer auf. Und die vielen Kriege hat die schwedische
Krone im Interesse des Gesamtreiches geführt; die Frage, ob die
Bevölkerung unter einem anderen als dem schwedischen
Landesherrn weniger Kriegsbelastungen hätte erdulden müssen,
ist müßig.

"Die Herzogtümer und damit sie <die Bewohner> selbst wurden
kontinuierlich und bis zum Rande der völligen Erschöpfung zu
Truppenlieferungen, Einquartierungen und Geldbeschaffung
herangezogen", urteilt zusammenfassend Fiedler.[134] Böhme
kommt in seiner sehr ergiebigen Auswertung der Quellen über die
bremisch-verdischen Staatsfinanzen zu differenzierteren

Aussagen. Das gilt zumindest für die quellenmäßig so gut bestückte Zeit bis 1676. Wie oben gezeigt, blieben nicht unbeträchtliche Teile der Kontributionssteuer im Lande. Und die Stader Provinzregierung hatte ein - durchaus nicht altruistisches - Interesse daran, die Landwirtschaft, den Handel und das Gewerbe intakt zu halten. Roberts schließt sich Böhmes Argumentation an. Das System der Kontributionen habe für das wirtschaftliche Leben in den Kriegsgebieten weniger Schaden gebracht, als vielleicht zu erwarten gewesen wäre. Das System „hing ja für seinen Erfolg von der Bewahrung eines angemessenen Maßes an lokaler Prosperität ab"[134a]. Die schwedische Regierung sah deshalb auch davon ab, gewaltsam Zahlungen zu erzwingen, die die Stände nicht gewährten. "Diese rücksichtsvolle Politik den Ständen gegenüber hatte sich auch 1673 und 1674 gezeigt"[135] , als aus Schweden Subsidien für die Kriegslasten und sogar für den Festungsbau (Anlage der neuen Stadt Karlsburg) angewiesen wurden.

In den die Provinz ganz massiv berührenden Kriegen der Jahre 1676-1679 und dann vor allem im 2. Nordischen Krieg nach 1700 musste die Bevölkerung Bremen-Verdens dann mit Sicherheit stärkere Belastungen und Leiden ertragen.

**Die "europäischen Jahrzehnte" Schwedens zwischen 1648 und 1721 im Überblick.**

Die sieben Jahrzehnte zwischen dem Westfälischen Frieden und den Friedensschlüssen von 1719 bis 1721 bilden für Schweden eine Fortsetzung der europäischen Jahrzehnte seit dem Eingreifen in den 30-jährigen Krieg; und sie sind nicht minder turbulent. Der schwedische Reichsrat jeweils zusammen mit den Königen, für die (minderjährigen) Könige und am Schluss gar zum Teil gegen ihren (für Jahrzehnte abwesenden) König hatte alle Hände voll zu tun:

- mit diplomatischen Aktivitäten zur Anbahnung und Knüpfung von Bündnissen im deutschem Reichstag und auf deutschen Kreistagen,
- mit diplomatischen und kriegerischen Maßnahmen zur Hinzugewinnung der Stadt Bremen,
- mit insgesamt Jahrzehnte dauernden Kriegen, am häufigsten gegen Dänemark, Polen, Russland,
- mit zwischendurch wechselvollen diplomatischen Aktivitäten als Beiträge zur Wahrung eines labilen europäischen Gleichgewichtes.

Das alles kostete das bevölkerungsmäßig kleine Schweden kaum stemmbare Kraftanstrengungen in finanzieller Hinsicht. Es kostete das Land aber auch eine nachhaltige Schwächung durch immense Bevölkerungsverluste und durch insgesamt sinkende Wirtschaftskraft.

Das alles ist so miteinander verquickt, dass es angebracht erscheint, einen großmaschigen Überblick über die schwedische Außenpolitik in Europa voranzustellen.

*1648 - 1660 (Königin Kristina, König Karl X Gustav;*
*Reichskanzler Axel Oxenstierna bis 1654)*
Eine außerordentlich unruhige Periode. Auf die Navigationsakte Englands 1651 folgt der Seekrieg mit Holland 1652-1654. Die Türkei bedroht Österreich. Die Reichsfürsten, denen 1648 das

Recht zu Bündnissen innerhalb und außerhalb des Reiches zugewachsen ist, bilden wechselnde Bündnisgruppierungen. Schweden sucht Unterstützung bei Kaiser und Fürsten für seine Rechtsposition gegenüber der Stadt Bremen, entscheidet sich parallel für kriegerische Maßnahmen, stößt auf geballten diplomatischen Widerstand und schließt den Vergleich von Stade 1654.

Mit Karl X Gustav auf dem Thron ändert sich die vorher eher diplomatisch balancierende Politik hin zu Schwedens Kräfte überschätzenden Kriegen zunächst gegen Polen (1655), dann auch gegen Dänemark (1657), womit Schweden im 1. Nordischen Krieg die Allianz Polen-Dänemark-Russland-Kaiser-Brandenburg gegen sich aufbringt.

Der Stader Generalgouverneur agiert als Armeeführer in diesem Krieg und gerät 1658 in polnische Gefangenschaft. Schweden verdankt es der Vermittlung des stillen Verbündeten Frankreich, dass es mit einem Status-quo-Friedensergebnis in Oliva (1660) und Kopenhagen (1660) davonkommt.

*1660-1672 (Vormundschaftsregierung für Karl XI; Reichskanzler Magnus Gabriel de la Gardie; Opposition : Reichsrat Sten Bielke)*

Reichskanzler de la Gardie bleibt in dieser Periode der einflussreichste Außenpolitiker in Stockholm, auch wenn es - insbesondere gegen Ende der Vormundschaftszeit - nicht an heftigen Richtungskämpfen im Reichsrat mangelt.

Mittels aufwändiger diplomatischer Mittleraktivitäten und erfolgreicher Bündnisvertragsverhandlungen[136] verfolgt er seine Politik des Gleichgewichtes in Europa bei gleichzeitigen Absicherungen gegen den Erzrivalen Dänemark und Versuchen der Eindämmung französischer Expansionsgelüste.

In diesem für Schweden vergleichsweise friedlichen Jahrzehnt (in der Zeit zwischen 1650 und 1720) bleibt die Militäraktion 1665/66 gegen die Stadt Bremen Episode, an deren Ende Schweden vor der geballten Gegnerschaft von Kaiser und einigen

Reichsfürsten, aber auch von Dänemark und Holland den Rückzug antreten muss.
Schwedens Stellung in Nordwestdeutschland ist geschwächt.

*1672-1697 (Alleinherrschaft Karls XI; Positionskampf zwischen de la Gardie und Johan Gyllenstierna als Berater des Königs. Bengt Oxenstierna als Reichskanzler bzw. (seit 1680) als Kanzleipräsident in der zweiten Hälfte der 80er Jahre)*
Schwedens Kriegspolitik in den Jahren 1675-1679 zusammen mit England und Frankreich gegen Dänemark, Holland, Kaiser, Spanien, Brandenburg - später auch Lüneburg und Münster - trägt die Handscharift des Königs im Verbund mit Gyllenstierna. Schweden muss schwere Niederlagen hinnehmen und kann die Besetzung Bremen-Verdens durch Truppen Dänemarks und norddeutscher Fürsten nicht verhindern. Allein dem Verbündeten Frankreich ist es zu verdanken, dass Schweden im Friedensschluss 1679 glimpflich davonkommt.
Von grundsätzlichem Interesse bleibt die geheim und ohne des Königs Wissen von Gyllenstierna in den Jahren 1679/80 verhandelte Bündnisalternative zwischen Schweden und Dänemark zusammen mit Frankreich. Gyllenstiernas Tod und tiefes Misstrauen im Königshaus gegenüber Dänemark machen Gyllenstiernas Versuch zu einer außenpolitischen Episode.
Die Jahre 1680-1688 bringen eine Abkühlung zu Frankreich, eine Verstärkung der handelspolitischen Bindung mit und Abhängigkeit von Holland und gleichzeitig eine Verschärfung der alten Gegensätze zu Dänemark.
Als Dänemark 1686 die Stadt Hamburg militärisch angreift, provoziert es - ganz ähnlich wie im Falle der Militäraktion Schwedens gegen Bremen in den 60er Jahren - eine sofortige Gegenallianz zwischen Lüneburg und anderen norddeutschen Fürsten und muss sich zurückziehen. Eine Folge hiervon ist eine Annäherung Lüneburgs an Schweden, das seinerseits weiterhin die "holsteinische Streitfrage" mit Dänemark in seinen antidänischen Interessen massiv ausnutzt. Schweden erreicht für

1687 und 1688 eine Defensivallianz mit Lüneburg und Hannover. Mit dem Jahr 1688 verändert sich die Lage auf der europäischen außenpolitischen Bühne. Die Personalunion zwischen England und Holland verschiebt das europäische Gleichgewicht; Brandenburg-Preußen wird bedeutendster deutscher Teilstaat im Norden; die Große Allianz gegen Frankreichs Hegemonialpolitik vereint den Kaiser, Spanien, Schweden, später auch England und zahlreiche Reichsfürsten.

Schwedens Rolle in diesem Krieg beschränkt sich auf einen einmaligen aktiven Truppeneinsatz 1692; danach sucht es in der Rolle des Vermittlers seine Interessen einzubringen. Ab 1695 tritt die sogenannte "holsteinische Frage" erneut ins Zentrum von Auseinandersetzungen.

Mit Karls XI Tod 1697 ist die Vermittlertätigkeit der Nicht-mehr-Großmacht Schweden weiter geschwächt.

*1700-1721 (Alleinherrschaft Karls XII)*

Nach einer kurzen Vormundschaftszeit (1697-1700) übernimmt Karl XII die Alleinherrschaft; vor allem auch in außenpolitischen Fragen. Er verbringt die meiste Zeit in Kriegslagern auf dem Kontinent. Im 2. Nordischen Krieg bildet sich erneut die alte antischwedische Allianz zwischen Dänemark, Polen, Russland. Nach anfänglich überraschenden Erfolgen Karls macht die Niederlage bei Poltava 1709 allen schwedischen Großmachtträumen ein Ende.

Bremen-Verden geht an Dänemark verloren und der schwedische Generalgouverneur siedelt von Stade ins Palatium in Bremen über. Die Provinz bleibt von 1712-1715 von Dänemark besetzt, gerät durch Verkauf dann an Braunschweig-Lüneburg und schließlich im Friedensschluss mit England und Hannover in Stockholm 1719 an Kurhannover, - das ab 1702 den englischen Thronfolger stellt. 1718 fällt Karl XII in Norwegen, 1718 treten auch Preußen und Hannover in den Krieg ein. Schweden muss in den Friedensschlüssen von 1719, 1720 und 1721 den Verlust fast aller ausländischen Besitzungen und auch den Verlust der Vorherrschaft im Ostseeraum hinnehmen. Russland betritt die

68

europäische Bühne.

Parallel zum Pfälzer Krieg findet der Spanische Erbfolgekrieg statt, ohne dass die beiden Kriege sich zu einem großen europäischen Krieg vereinen.

## Schwedens Außenpolitik als Territorialstaat im Deutschen Reich und der Kampf um Bremen in den 50er und 60er Jahren

Worin bestehen die Unterschiede zwischen der schwedischen Politik im Reich während des 30-jährigen Krieges und in der Nachkriegszeit?

Das Eingreifen in den Krieg hatte schon etwas zu tun gehabt mit der Verteidigung des Protestantismus; doch gewann bald die Realpolitik die Überhand, bei der es sich um die Sicherheit der Landesgrenzen und um die Vormacht im Ostseeraum drehte. Zwischen 1648 und 1719 agierte die schwedische Krone im Reich als deutscher Territorialstaat, - völkerrechtlich gesehen. Doch in Wirklichkeit sahen sowohl Schwedens Gegner wie seine Verbündeten hinter der Rechtstheorie des Reichslehens die Großmacht, mit der man sich arrangieren musste, die man bekämpfte oder die man auf gar keinen Fall zu stark werden lassen wollte.

Auf der Grundlage der schwedischen Quellen kommt Landberg[137] für die 50er Jahre zu der Einschätzung, die schwedische Außenpolitik des erfahrenen Kanzlers Oxenstierna sei geprägt gewesen vom Friedenswillen und von handelspolitischen Erwägungen. Er habe die Früchte des Krieges ernten wollen und zunächst darauf gebaut, dass sich das ohne kriegerische Verwicklungen erreichen können lassen müsste. Er ließ keinen diplomatischen Weg ungenutzt, bei Kaiser und Reichsfürsten - er kannte sie alle - die schwedische Rechtsinterpretation bezüglich Bremen-Verden und vor allem bezüglich der Stadt Bremen durchzusetzen. Und da Schweden doch als Vorkämpfer für die Freiheit der Stände gegen die kaiserliche Macht gestritten habe, instruierte er 1651 die schwedischen Repräsentanten in Frankfurt und Nürnberg, föderative Fürstenbündnisse zu unterstützen; so die 1653 zustande kommende Hildesheim-Allianz. Der schwedische Gesandte in Wien arbeitete gleichzeitig für eine

Einberufung des Reichstages, was dann 1652 auch geschah, und für den die provisorische Investitur Schwedens mit den neuen Besitzungen vom Kaiser vorgesehen wurde.

Was die schwedische Politik die Stadt Bremen betreffend angeht, sieht Landberg in ihr "eine Parallele zu dem beharrlichen Kampf um merkantile Rechte und territoriale Erwerbungen hinter seinen Ostseeküsten".[138] Die Komplexität der schwedischen Bremenpolitik beruht auf der Vorgeschichte, die hier einzublenden ist.[139]

Unter den Erzbischöfen als Landesherren des Erzstiftes Bremen hatte die Stadt stets geltend gemacht, sie sei Freie Reichsstadt. 1640 war Bremen erstmals zum Reichstag geladen worden - gegen den Protest des Erzbischofs. Bereits im November 1643 lud Schweden die wichtigsten Reichsstände zu den Friedensverhandlungen in Osnabrück ein; eine weitere Einladung erging ein Jahr später an die Reichsstände und die drei Hansestädte durch Frankreich. Im Herbst 1645 erhielt Bremen - sozusagen nachträglich - auch eine Einladung durch den Kaiser, wogegen der Erzbischof erneut vergeblich protestierte.

Mitte 1646 stellte der Kaiser der Stadt Bremen ein Diplom aus, das als Linzer Diplom in die Geschichte eingehen sollte. Der Kaiser erkannte darin die Reichsunmittelbarkeit Bremens an, wobei er die von der Stadt gegenüber schwedischem Druck verwendeten Argumente als Begründung für die Ausstellung des Diploms übernahm. Argumente, die einer kritischen Betrachtung kaum standhalten: "Es stimmt eben nicht, dass Bremen ´von uralten Zeiten hero` Reichsstadt gewesen war, dieser Status zu Unrecht angefochten und jetzt nur noch wiederhergestellt werde", stellt Schwarzwälder fest.[140] Ein nur vorläufiger Erfolg der Bremer Unterhändler, wie sich in der strittigen Formulierung des Osnabrücker Friedensschlusses im Artikel X § 8 zeigen sollte. Das Kaiserdiplom war gegen die inzwischen bekannt gewordenen schwedischen Territorialforderungen gerichtet. Reichskanzler Oxenstierna wusste, dass mancher deutscher Landesherr in einer vergleichbaren Situation gegenüber ´Mediatstädten` sich befand und nutzte dies bei seinen Versuchen, Reichsfürsten für Schwedens Argumentation gegen Bremen zu gewinnen. Im Bericht der schwedischen Verhandlungsdelegation in Osnabrück vom 4. Januar 1647 heißt es lapidar: „Die Stadt Brehmen sollte eher als eine Mediat- und Provinzialstadt erachtet werden".[140a] Gleichzeitig verweist der Bericht aber noch einmal auf den Jahrzehnte alten Streit um Bremens Anspruch auf Reichsunmittelbarkeit. „Der kann nunmehr nicht revoziert und ungeschehen gemacht werden".

Die Bremer Delegierten führten dagegen an, die Schweden hätten sie auf dem Osnabrücker Kongress schließlich behandelt wie Delegierte anderer Reichsstädte; und dann sei da noch das Kaiserdiplom!

Das aber erkannten die Schweden nicht an. Als sie das Erzstift eroberten, sei Bremen ein Teil des Territoriums gewesen. Als Rechtsnachfolgerin des letzten Erzbischofs sei die schwedische Krone somit Herrin der Stadt.

Zu der Hartnäckigkeit Bremens im Streit um die Reichsunmittelbarkeit kam Anfang der 50er Jahre die Weigerung der Stadt hinzu, den im Osnabrücker Vertrag festgesetzten Oldenburger Weserzoll zu akzeptieren (die Bremer Delegierten hatten das Osnabrücker Dokument auch nicht mit unterzeichnet). Mit dieser Politik nun brachte Bremen die Mehrheit der Reichsstände gegen sich auf, und der Kaiser verhängte 1652 die Reichsacht gegen die Stadt.

Landberg[141] sieht einen ursächlichen Zusammenhang zwischen Oxenstiernas vergeblichen Bemühungen, im Reichstag und auf den Kreistagen in der Bremenfrage Unterstützung zu finden, und wachsender Ungeduld in den Überlegungen in Stockholm zu kriegerischen Maßnahmen. Angespornt durch Oxenstiernas erfolgreiche Bemühungen, in Hinterpommern eine für Schweden günstige Grenzziehung mit Zähigkeit durchgesetzt zu haben, sah die Königin, so argumentiert Böhme,[142] in einem militärischen Handstreich gegen Bremen das geeignetste Mittel.

In Bremen waren die Bürger in Sachen Weserzoll und Reichsacht uneins. Einem der ´Elterleute` namens Lösekanne[143] wurde neben finanziellen Unregelmäßigkeiten Verrat vorgeworfen, als er öffentlich für eine Unterwerfung unter die schwedische Krone eintrat. Er erhielt Hausverbot für den Schütting. Erst 1654, während die Militäraktionen Schwedens gegen die Stadt in vollem Gange waren, stellte sich heraus, dass Lösekanne bereits seit 1651 Berichte nach Stockholm schickte und seit der Zeit auf der Gehaltsliste schwedischer Agenten im Ausland stand. Als er des Hochverrats angeklagt wurde, forderte der schwedische Generalgouverneur von Stade aus die Freilassung Lösekannes; mit der Begründung, er sei schwedischer Beamter. Was die Sache eher verschlimmerte: im Mai 1654 wurde Lösekanne hingerichtet. Die militärischen Maßnahmen Königsmarcks umfassten die Besetzung mehrerer stadtbremischer Orte und Schanzen in den Jahren 1653 und 1654. Das Vorgehen Schwedens erregte im Reich ungeheures Aufsehen. Der Kaiser hatte die Reichsacht gegen Bremen bereits aufgehoben und erließ 1654 einen besonderen Schutzbrief für die Stadt. Und als der englisch-holländische Seekrieg sein Ende fand, zeigten sich England und auch Holland bereit, Bremen diplomatisch zu Hilfe zu kommen.

Die Königin hatte mit ihrem Befehl an Königsmarck vorschnell, eigenmächtig und ohne die vorherige verfassungsmäßig verbriefte Konsultation des Reichstages gehandelt; ja, sogar ohne vorherige Information des Reichsrates.[143a] Sie war im Übrigen mit ihrer Abdankung, ihrem Übertritt zum katholischen Glauben und mit der finanziellen Sicherung ihres Exils vollauf beschäftigt.
Der Reichsrat missbilligte das militärische Vorgehen gegen Bremen; - wahrscheinlich ohne Axel Oxenstiernas Zutun, der nach monatelanger schwerer Krankheit im September 1654 verstorben war. Der Thronfolger Karl Gustav teilte die Ansicht des Rates. Er, der inzwischen erfahrene Oberbefehlshaber, wollte den bremischen Krieg möglichst schnell und geschickt beenden; mit Rücksicht auf die deutschen Nachbarn der neuen Provinz

Bremen-Verden und auf Holland, aber auch mit Rücksicht auf
seine Pläne in Osteuropa. Parallel zu den Militäraktionen gegen
Bremen hatte er daher diplomatische Schritte eingeleitet: der
schwedische Gesandte im niedersächsischen Kreistag, Bengt
Oxenstierna , wurde angewiesen, die Herzöge von Braunschweig-
Lüneburg und den Erzbischof von Magdeburg aufzusuchen.
Dasselbe sollte der Resident in Frankfurt beim Kurfürsten von
Mainz tun: werben für den schwedischen Rechtsstandpunkt und
Abwiegelung betreiben in Sachen Anzettelung eines Krieges.
Im ersten Halbjahr 1654 waren von Holland und Braunschweig-
Lüneburg Vermittlungsangebote in Stockholm eingetroffen. Der
Stockholmer Reichsrat Rosenhane wurde mit einer Delegation
nach Stade geschickt mit der ausdrücklichen Ansage, eine
holländische und braunschweig-lüneburgische Vermittlung
abzulehnen und um jeden Preis eine Einmischung des Kaisers zu
verhindern. Um den Anschein zu vermeiden, Schweden erkenne
Bremens Standpunkt für Verhandlungen an, sollte Rosenhane
nicht als offizieller schwedischer Gesandter sondern als Mitglied
der Stader Kommission auftreten.
Mit Königsmarck ergab sich eine heftige Auseinandersetzung
wegen dessen eigenmächtiger Waffenstillstandsbedingungen. Als
im Oktober 1654 die Bremer Delegierten mit Vermittlern aus
Hamburg, Lübeck und Holland in Stade eintrafen, konnte indes
Rosenhane diese nicht gut ablehnen. Nach zähen Verhandlungen
kam am 28. November 1654 der Stader Vergleich zustande:

> Bremen verpflichtete sich, keine Bündnisse gegen Schweden
> einzugehen, sondern sich im Falle eines Angriffs gegen die
> Herzogtümer zu unterstützen.
> Als Entschädigung für die Schweden entstandenen
> Kriegskosten
> trat die Stadt den Flecken Lehe und das Amt Bederkesa an
> Schweden ab, und die Landeshoheit Schwedens über
> Blumenthal,
> Neuenkirchen und Vegesack wurde anerkannt; insgesamt

strategisch bedeutungsvolle Plätze.
Schweden bestätigte der Stadt die bremischen Privilegien - in der damaligen Fassung.
Eine Entscheidung über die Reichsunmittelbarkeit wurde vertagt.
Die Stadt willigte ein in die Huldigung an die schwedische Krone in gleicher Form wie 1637 dem Erzbischof gegenüber.

Das war ein insgesamt erfolgreicher Vergleich aus schwedischer Sicht, was den Thronfolger veranlasste, Reichsrat Rosenhane mit 5000 Reichstalern zu vergüten.
Die Huldigung nahmen Rosenhane sowie Königsmarck und Höpken von der Stader Regierung am 5. Dezember 1654 entgegen.[144]
Die Tatsache aber, dass Schwedens außenpolitische Ziele nicht wirklich als erfüllt gelten konnten, zeigten sich in ständigen Reibereien zwischen der Stadt und der schwedischen Krone schon ab dem darauffolgenden Jahr.[145]

- In schwedischen Schreiben hieß es weiterhin stets "An Unsere Stadt Bremen".
- Der schwedische Stadtvogt weigerte sich, vor dem Rat den Hut abzunehmen. Die Stadt zahlte mit gleicher Münze heim: als 1660 Karl X Gustav starb und die schwedische Regierung von der Stadt die Bekundung von Staatstrauer verlangte, lehnte diese das ab.
- Dauernde Konflikte gab es auch in Blumenthal und Neuenkirchen; ebenso in Burg, wo die Schweden die Kirche und einige Häuser abrissen, um die Befestigungsanlagen weiter auszubauen.
- Weiteren Konfliktstoff bot die besondere Rechtsstellung des Domgebietes, über das die Stadt keine Gewalt hatte. Mit großem Misstrauen wurde von der Stadt beobachtet, dass das erzbischöfliche Palatium und mehrere Domkurien an schwedische Beamte und Offiziere verliehen wurden.

Eine militärisch kritische Lage ergab sich während des schwedisch-dänischen Krieges ab 1657.[146] Dänische Truppen drangen bis Bremervörde vor und eroberten es. Auf der Weser erschienen drei dänische Kriegsschiffe, und Landungstruppen nahmen die Leher Schanze. Auch Stade und Buxtehude wurden belagert.

Die Stadt Bremen blieb indes allen dänischen Werbungen um Eingreifen auf deren Seite gegen Schweden neutral. Die Stadt wünschte später über diese ihre Haltung zu berichten und zugleich Beschwerden über Schweden in einer Audienz beim Schwedenkönig vorzutragen. Man hoffte, dabei Bederkesa und Lesum sowie Burg zurückerhalten zu können. Die bremischen Delegierten wurden von Karl X Gustav (der sich in Schleswig-Holstein aufhielt) nicht vorgelassen und an die schwedische Regierung in Stade verwiesen.

Ein für Bremen bitteres Ereignis war es, dass der ehemalige Bremer Bürgermeister Statius Speckhahn als Anwalt in schwedische Dienste trat und deren Interesse gegenüber der Stadt wahrnahm. Ein Beleg für weiterhin erfolgreiche Anwerbung von Agenten, die Reichskanzler Axel Oxenstierna in seiner langen Amtszeit zu einem wirkungsvollen Netz ausgebaut hatte.

Zehn Jahre nach der ersten militärischen Aktion gegen Bremen wurde im Stockholmer Reichsrat wieder einmal die außenpolitische Situation des Reiches beraten.[147] Reichskanzler Magnus Gabriel de la Gardie war in diesen Jahren der Vormundschaftsregierung für Karl XI die bestimmende Figur im Rat, was jedoch Richtungs- und Meinungsunterschiede nicht ausschloss. Dynastischer Streit zwischen den verschiedenen lüneburgischen Linien einerseits, Münsters Angriff gegen Holland im Herbst 1665 andererseits erschienen den Gegnern des ständigen Verhandelns und Balancierens eine günstige Gelegenheit, Druck auf die Stadt Bremen auszuüben. Es wurde beschlossen, im Jahr darauf ein Heer von 10.000 Mann nach

Pommern zu transportieren zwecks Weiterbeförderung nach
Bremen. Über die Art der Militäraktion - ob Blockade,
Belagerung, Kontributionsverhandlung - wurde noch kein
Beschluss gefasst.
Das im Februar 1666 zustandegekommene Bündnis zwischen
Holland und Dänemark sowie der Friedensschluss zwischen
Münster und Holland im April 1666 veranlasste Schweden, die
Fortsetzung der militärischen Aktion zurückzustellen. Stattdessen
wurde über das Netz der Repräsentanten und Agenten erneut für
die schwedische Interpretation des Osnabrücker Friedensartikels
die Stadt Bremen betreffend geworben. Dass Gespräche mit
Bremens Delegierten in Gegenwart deutscher Fürsten abliefen,
gefiel den Schweden überhaupt nicht. Hierbei wechselten die
Argumente je nach Ansprechpartner: mal stellte Schweden es als
eine innerschwedische Angelegenheit dar, mal als eine
internationale (weil mit dem Friedensschluss von 1648
zusammenhängend).
Als in einer burgundischen Streitfrage sowohl der Kaiser als auch
Frankreich Schwedens Unterstützung einforderten, wollte
Stockholm sich nicht definitiv für eine Seite binden - und blieb
als Folge isoliert. Und als Wrangel im Herbst 1666 die Stadt
Bremen nicht nur eingeschlossen hatte, sondern auch eine
Beschießung vornahm - eine "mäßige", wie Landberg urteilt,[148]
war, wie nicht anders zu erwarten, die Reaktion im Reich dieselbe
wie schon 1654: der Reichstag nahm deutlich Stellung gegen
Schweden, eine Quadrupelallianz zwischen Holland, Dänemark,
Braunschweig und Lüneburg stellte Truppen gegen Schweden
bereit, und die schwedischen Delegierten mussten im November
1666 in den Kompromissfrieden von Habenhausen einwilligen;
auf der Grundlage des Stader Vergleiches von 1654. Bremen
nahm Abstand von der Teilnahme an den niedersächsischen
Kreistagen, Schweden verzichtete auf den Nadelstich "Unsere" in
Schreiben an die "Stadt Bremen". "Eine unvorteilhafte
Halbmaßnahme", "eine reine Episode", urteilt Landberg über die
ganze Aktion; es zeigte sich "der charakteristische Widerspruch

78

zwischen Anspruch und Ohnmacht".[149]
Die Ratifikation des Vertrages verzögerte sich noch bis Mai 1667, weil ein ´Pöbelaufstand` in der Stadt gegen den Schweden-Agenten Speckhahn für Aufruhr sorgte. Schwedens Reaktion musste sich mit einer offiziellen ergebnislosen Forderung auf Abbitte durch die Stadt begnügen.

Die außenpolitischen Anstrengungen der schwedischen Krone, endlich den handelspolitisch so wichtigen Eckstein in das 1648 hinzugewonnene Territorium zwischen Weser und Elbe einzufügen, umfassten in den 50er und 60er Jahren so unterschiedliche Maßnahmen wie Nadelstiche, Bestechung von Beamten in den Reihen des Gegners, in sich widersprüchliche Argumentationen und zweimalige Militäraktionen. Letztere waren im Stockholmer Reichsrat umstritten und führten den Schweden deutlich vor Augen, dass man sich nicht mehr im 30-jährigen Krieg befand , dass im Gegenteil jede Militäraktion auf Reichsboden nicht nur Reichsfürsten, sondern auch europäische Staaten gegen Schweden auf den Plan rufen mussten.

## Reaktive schwedische Außenpolitik in den 70er und 80er Jahren

Mit dem Ende der Vormundschaftsregierung für Karl XI veränderte sich die politische Entscheidungsstruktur in Stockholm. Die königliche Alleinherrschaft - "envälde" - bestimmte zunehmend das Geschehen; wie in vielen Staaten Europas während dieser absolutistischen Epoche. Die Zeiten, in denen mächtige Reichskanzler die Geschicke des Reiches so nachhaltig prägen konnten wie Axel Oxenstierna oder Magnus Gabriel de la Gardie wurden durch deutlicher und auch härter zutage tretende Rivalitäten unter den Reichsräten abgelöst.[150] Während in den 50er und 60er Jahren von der Zentrale in Stockholm Außenpolitik konzeptionell und aktiv betrieben wurde, änderte sich das seit der Mitte der 70er Jahre zunehmend: bündnispolitische Abhängigkeiten führten zu teilweise fremdbestimmten Aktionen. In Kriege wurde man hineingezogen, auf Kriege ließ man sich ein, bis schlussendlich Karl XII im 2. Nordischen Krieg die gegenüber Gustav II Adolfs Zeiten grundlegend veränderte europäische Mächtekonstellation ebenso falsch einschätzte wie die Kraft seines eigenen Landes.

Doch zurück in die 70er Jahre.[151] Schweden war an Frankreich gebunden. In einem Geheimartikel eines Bündnisvertrages hatte sich Schweden verpflichtet, in Deutschland anzugreifen, sollte Holland von deutscher Seite Hilfe gegen Frankreich erhalten. Dem ständigen französischen Residenten in Stockholm war es zusammen mit besonderen ´envoyées` aus Ludwigs XIV Umgebung gelungen, den stets finanzknappen schwedischen König und seinen Reichskanzler zu bewegen, gegen 900.000 Reichstaler eine schwedische Truppenverstärkung im Territorium Bremen-Verden vorzunehmen. Der Reichskanzler musste zum Mittel der Bestechung mehrerer Reichsräte greifen, um das gewünschte Votum in Rat zu erhalten.[152] Damit hatte Schweden seine bisherige außenpolitische Linie verlassen, im

81

diplomatischen Bündnis-, Vermittlungs- und
Verhandlungskarussel zu versuchen, für ein Gleichgewicht
zwischen den Großmächten zu arbeiten.

Truppenanwerbung und -bewegung brauchen Zeit. Im Januar
1675 begannen die Transporte. Frankreich wollte einen Teil der
fälligen Summe bei "landstigning" zahlen, den Rest bei "fientlig
aktion".[153] Schweden musste zusagen, sechs Wochen nach
Armeeführer Wrangels Ankunft in Deutschland gegen
Brandenburg - als einen der gegnerischen Alliierten -
vorzugehen. Doch Wrangel erlitt die empfindliche Niederlage bei
Fehrbellin, und zusammen mit Dänemark ging Brandenburg
gegen das schwedische Heer und gegen die Provinz Bremen-
Verden vor, in der nur unzureichende Truppen stationiert waren.
Wrangel vermochte nicht zu helfen. Der König sagte Stade im
Dezember 1675 Ersatz zu, der auf dem Seeweg von Göteborg in
die Elbe gelangen sollte. Zu spät, denn inzwischen hatten die
alliierten deutschen Territorialherren von Osnabrück, Münster,
Celle, Wolfenbüttel und Brandenburg zusammen mit Dänemark
die Verbindung nach Stade abgeschnitten.[154] Die Schiffe mussten
unverrichteter Dinge zurücklaufen, da die Alliierten die Schanze
bei Schwinge besetzt hatten. Schweden stand diesen Alliierten
isoliert gegenüber, denn auch Hannover hatte eine frühere
Hilfszusage zurückgezogen, als Schweden vom Reichstag zum
Reichsfeind erklärt worden war. Die Alliierten besetzten das
flache Land und nahmen anschließend alle festen Plätze außer
Karlsburg und Stade. Im August kapitulierte der schwedische
Befehlshaber in Karlsburg vor Angriffen durch holländische und
brandenburgische Kriegsschiffe. Die Schweden mussten danach
auch Stade räumen. Demütigend für Schweden war die
Weigerung Dänemarks, den Transport der schwedischen
Truppenteile - die deutschen wurden entlassen - nach Stockholm
zu übernehmen. Nur ihr Abzug nach Riga blieb Schweden als
Alternative.

Im Sommer 1676 trafen sich die Delegierten der alliierten Mächte
in der Stadt Bremen, konnten sich jedoch nicht auf eine

82

Aufteilung der Provinz untereinander einigen. Keiner wollte den Anderen als neuen Herrn zwischen Elbe und Weser sehen; das war die Rettung für Schweden in den Friedensverhandlungen mit Holland (1676), mit dem Kaiser (1679) und mit Spanien (1678). Ludwig XIV ließ die Dänen wissen, dass Frankreich die volle Restitution der Provinz Bremen-Verden an Schweden erwartete. Im August 1679 mussten sich die dänischen Delegierten schließlich in Fontainebleau dem französischen Diktum beugen.

Die außenpolitischen Veränderungen für Schweden in den 80er Jahren sind im Überblick oben geschildert. Was schwedische Hoffnungen auf eine Abrundung der 1679 geretteten Provinz Bremen-Verden angeht, verwandelten sich diese in unerfüllbare Träume spätestens 1686, als der parallele Versuch Dänemarks auf Einverleibung der Stadt Hamburg ebenso kläglich scheiterte wie die schwedischen Aktionen in den 50er und 60er Jahren.

## Wie Schweden den "holsteinska tvisten" für seine Interessen auszunützen sucht

Immer wenn die schwedische Provinz Bremen-Verden in kriegerische Auseinandersetzungen geriet, war Dänemark als Gegner Schwedens im Spiel. Das gilt für die Zeit von 1648 bis in die 80er Jahre, und das wurde in den Folgejahrzehnten in noch stärkerem Maße der Fall.
Am Beispiel der sogenannten "holsteinischen Frage" sollen die hochgradig vergifteten schwedisch-dänischen Beziehungen bis in den 2. Nordischen Krieg hinein nachgezeichnet werden.[155]

Dynastische Heiratsverbindungen zwischen europäischen Fürsten- und Königshäusern waren seit jeher Teil der jeweiligen Außenpolitik.
Zwischen der dänischen Krone und den Herzögen von Holstein-Gottorf existierte ein Dauerstreit um die Oberlehnsherrschaft Dänemarks über den Gottorfer Anteil von Schleswig.
Durch die geografische Lage zwischen Dänemark und den schwedischen Provinzen in Deutschland war die Landbrücke zwischen Ost- und Nordsee für Schwedens Außenpolitik im Reich von größtem Interesse. Karl X Gustav heiratete die gottorfsche Prinzessin Hedwig Eleonora, Herzog Friedrich III wurde also der Schwiegervater des schwedischen Königs. Und Generationen später wurde Karl X Gustavs Enkelin Hedwig Sophia, Karls XII Schwester, mit dem Holstein-Gottorfer Herzog Friedrich IV verheiratet.[156]
Im Jahre 1674 schlossen Schweden und Holstein-Gottorf einen Vertrag, in dem Schweden seine Hilfe gegen alle Gefahren versprach, und in dem Holstein-Gottorf die Unterhaltung der Festungen und insgesamt gute Kriegsbereitschaft zusagte.[157]
1679 hatte Schwedens Bündnispartner Frankreich den dänischen König gezwungen, einen von ihm dem Herzog aufoktroyierten Vergleich zurückzunehmen und den Holsteiner in seine alten Rechte einzusetzen. Der dänische König wechselte in den 80er

Jahren mehrfach die Bündnispartner Frankreich und den Kaiser, um seine holsteinischen Interessen durchzusetzen, was letztlich nichts einbrachte. Im Altonaer Vergleich von 1689 sah er sich genötigt, Holstein zu räumen und dem Gottorfer Herzog sein Gebiet und seine Rechte zurückzugeben.

Die "holsteinische Frage" ragte auch in den 90er Jahren immer wieder in die diplomatischen Verhandlungen in Reichsgremien und in die Allianzen gegen das hegemoniale Frankreich hinein. Schweden konnte in seiner Rolle als Reichsterritorialstaat keine rein schwedische Außenpolitik betreiben und sah sich immer wieder konfrontiert mit Aufforderungen des Kaisers, als Reichslehensnehmer Truppen und/oder Schiffe zu stellen.[158] Nach hartem internen Ringen beschloss der Reichsrat im Januar 1696, dem König Karl XI zu folgen und einem Hilfeersuchen der antifranzösischen Allianz nachzukommen: jedoch nur unter der Bedingung, dass die holsteinische Frage endgültig im schwedischen Sinne gelöst würde. Die Interessen der beteiligten Bündnispartner waren indes unvereinbar, und auch Sonderverhandlungen mit Brandenburg, Celle und Hannover brachten für Schweden in dieser Frage keinerlei Erfolg.

Nach Karls XI Tod 1697 war die schwedische Außenpolitik während der kurzen Vormundschaftsregierung bis 1700 teilweise lahmgelegt. In diesen Jahren wurde die "holsteinische Frage" erneut angefacht, indem Dänemark in Holstein die neu errichteten Holmer Schanzen besetzte. Der Herzog von Holstein-Gottorf floh in die Festung Tönning. Doch Dänemark musste sich letztlich vor Brandenburg, Schweden und Lüneburg zurückziehen.

Das Herzogtum Schleswig-Holstein wurde Schauplatz kriegerischer Auseinandersetzungen zwischen Schweden und Dänemark auch im 2. Nordischen Krieg. An dessen Ende stand der Verlust der Provinz Bremen-Verden sowie fast aller Besitzungen an der deutschen Ostseeküste für Schweden. Auf dem westlichen Kriegsschauplatz gegen Dänemark kam es zu Maßnahmen durch schwedische Truppen, die dem schwedischen Ruf im Reich nachhaltig schadeten.[159]

86

Nach der schweren Niederlage Karls XII bei Poltava 1709 ergriff Dänemark die Gelegenheit, das geschwächte Schweden anzugreifen. Es gelang den Dänen 1712, ganz Bremen-Verden in ihre Gewalt zu bringen. Der schwedische Generalgouverneur Mauritz Vellingk suchte Yuflucht zunächst - wie schon früher - im Bremer Palatium, später in Hamburg, wo er Rachepläne schmiedete. Den schwedischen Armeebefehlshaber in Norddeutschland Magnus Stenbock beeinflusste er, wie im Krieg in den 50er Jahren gegen Dänemark, nach Holstein und Jütland einzurücken. Vorher machte Stenbock einen Abstecher zur Elbe, wo er 1713 die unbefestigte Handelsstadt Altona belagerte und anschließend niederbrannte, bevor er auf seinem Marsch durch Dithmarschen und Eiderstedt bis hinauf nach Flensburg überall Kontributionen erpresste.

Eine unbefestigte Stadt zu brandschatzen, - das war mit damaliger Kriegsführung schwer zu vereinbaren. Entsprechend scharf wurde diese Tat verurteilt und in der wütenden Kriegspropaganda gegen Schweden weidlich ausgenützt.[160]
In der neueren schwedischen Literatur wird der ehemalige Generalgouverneur Mauritz Vellingk als der eigentlich Verantwortliche hinter Stenbocks martialischer Kriegsführung benannt. In späteren Gerichtsverhandlungen gegen den in Kopenhagen festgesetzten Magnus Stenbock führte dieser als Begründung an, er habe sich den Befehlen seines Vorgesetzten nicht widersetzen können, - auch aus Angst vor Missbilligung und Repressalien.[161]
Als der russische Zar mit einem russisch-sächsischen Heer den Dänen zur Hilfe kam,musste Stenbock sich nach Eiderstedt zurückziehen. Mit Hilfe von intriganten Geheimverhandlungen des in dänischen Diensten stehenden hessischen Barons Görtz - mit Stenbock und dem holsteinischen Herzog gleichzeitig - konnte sich Stenbock zwar heimlich in die Festung Tönning retten, was ihn jedoch nicht vor der Kapitulation 1713 rettete.[162]

Von den für Schweden verlustreichen Bedingungen der Friedensabkommen mit England und Hannover in Stockholm 1719, mit Brandenburg-Preussen 1720, mit Dänemark in Frederiksborg 1720 und mit Russland im finnischen Nystad 1721 sollen hier nur die die schwedischen Provinzen auf Reichsboden berührenden Erwähnung finden.

1719 trat Schweden die Herzogtümer Bremen-Verden an Hannover ab und erhielt dafür 1 Million Reichstaler Kompensation. 1720 trat Schweden bis auf das Gebiet westlich der Peene allen territorialen Besitz in Vorpommern an Preussen ab und erhielt dafür 2 Millionen Reichstaler als Kompensation.

Die erst 1721 mit Russland unterzeichneten Friedensbedingungen betrafen die übrigen schwedischen Besitzungen außerhalb der natürlichen schwedischen Grenzen. Und weil sich die Verhandlungen seit 1719 an hingezogen hatten, musste Schweden auch die brandschatzenden Überfälle auf Dörfer, feste Plätze und vor allem auf Erzbergwerke durch die russische Galeerenflotte an der schwedischen Ostseeküste im Sommer 1719 ertragen.[163]

Im Frieden mit Dänemark 1720 musste Schweden sich auch verpflichten, seine Bündnishilfe får den Herzog von Holstein-Gottorf gänzlich aufzugeben. Womit auch dieses jahrzehntelange diplomatische Ausnutzen des "holstenska tvisten" im Machtkampf gegen Dänemark sein Ende fand.

Roberts fasst die ´holsteinische Frage` überspitzt so zusammen: „Schweden war politisch Gottorps Gefangener"[163a] Was bedeutete, dass die dänische Feindschaft verewigt und nicht zu befrieden war.

## Schwedens handelspolitische Interessen und darin die Rolle seiner Provinzen in Deutschland

Im Jahre 1651 - drei Jahre vor dem Ende seiner langen Amtszeit - richtete Reichskanzler Axel Oxenstierna als neues Ministerium das "kommerskollegium"[164] ein, das sich der Handelspolitik widmen sollte, insbesondere dem Außenhandel; ein Signal. Oxenstierna hatte sich sein Leben lang um die Ordnung der Einnahmen und Ausgaben der Krone bekümmert, hatte es erreicht, den Staatshaushalt auf die Basis der Geldwirtschaft zu stellen. Die neue Behörde erhielt die Aufgabe, neben dem Landessteueraufkommen die Einkommensmöglichkeiten über den Außenhandel zu bündeln und zu steuern.[165]
1653 übertrug der Vater seinem Sohn Erik Oxenstierna die Leitung des Kollegiums. Während unter Königin Christina die politische Linie des freien Handels vor allem mit England und Spanien, aber auch Ansätze von Kolonialerwerbspolitik in Übersee - ohne nachhaltigen Erfolg gegen die Rivalen - im Vordergrund der außenhandelspolitischen Erwägungen gestanden hatten, verschob sich der Schwerpunkt unter Karl X Gustavs Regierung deutlich nach Osteuropa.
Die Ostsee sollte das Sammelbecken für den ost- und mitteleuropäischen Großhandel werden. War Schweden mit seinen Häfen rund um die Ostsee doch prädestiniert, aus den zahlreichen Handelsrouten Gewinn zu schlagen. Die Getriedetransporte aus den von Schweden zum Teil kontrollierten Ostseeflussmündungen in die Nordseehäfen und nach Westeuropa waren für Schwedens Wirtschaft lebensnotwendig. Der Export von Holz, Hanf, Pech, Teer aus den schwedischen Nordlanden inklusive Finnland und Eisenerz aus Mittelschweden waren für alle Schifffahrt betreibenden Länder und Hansestädte unverzichtbar.[166]
Natürlich war allen Beteiligten in Stockholm die Tatsache bewusst, dass bei aller Betonung von Handel, Seefahrt und Exportwirtschaft das Land mit seiner Versorgung letztlich auf sich

selbst angewiesen war; "Schweden war und blieb ein Ackerbauland".[167] Und Schwedens Seetransporte - wirtschaftlich und militärisch - waren abhängig von Auslandskrediten (vor allem aus Holland und Hamburg) und von gekaufter oder geliehener Schiffstonnage.[168]
Mit den großen Seefahrt-Ländern der Zeit - Holland und danach dominierend England - konnte das kleine Schweden nicht konkurrieren.. Die Abhängigkeit von beiden spiegelt sich in der Zeit der zwei Seekriege zwischen England und Holland in den 50er und 60er Jahren. Kriegsausbruch, Kriegsverlauf und Kriegsende waren Entscheidungsfaktoren in außenpolitischen Fragen im Reichsrat.[169] Es ist kein Zufall, dass auch die zwei Militäraktionen gegen die Stadt Bremen davon beeinflusst wurden.
Abhängig war man in Stockholm darüber hinaus vom Öresundzoll, mit dem Dänemark eine sprudelnde Einnahmequelle und ein oft eingesetztes Verhandlungspfand besaß. Unter den bilaterial ausgehandelten schwedischen Verträgen mit Holland, England, Dänemark gibt es keinen, in dem nicht Zoll- und Handelsfragen angesprochen oder geregelt wurden.[170]

Die letzte Instruktion, die Königin Christina dem Generalgouverneur Königsmarck 1654 zusammen mit dem Befehl zu militärischen Aktionen gegen die Stadt Bremen gab, lautete, dass bei allem der Handel auf der Weser nicht behindert werden solle.[171]
Es waren sicher auch handelspolitische Interessen bzw. Zukunftshoffnungen, die den jungen erfolgreichen König Gustav II Adolf 1624 dazu bewogen hatten, als eine Bedingung für ein schwedisches Eingreifen in den 30-jährigen Krieg einen Hafen an der Ostseeküste und einen an der Nordseeküste zu fordern.

Michael Roberts setzt sich in seiner vorzüglich geschriebenen Monografie „The Swedish Imperial Experience 1560 – 1718" [171a] ausführlich auseinander mit den unterschiedlichen Wertungen zweier Schulen von Historikern zum großen europäischen Zeitalter Schwedens. Er nennt als grundlegende politische Motive schwedischer Außenpolitik im 17. Jahrhundert *Furcht* (vor den Erbfeinden Dänemark, Polen und Russland), *Sicherheit* (für das schwedische Stammland) und *Reputation* für das Land im europäischen Konzert. Roberts bestreitet nicht das Vorhandensein sozialer und vor allem wirtschaftspolitischer Motive für die schwedische Expansionspolitik jenseits seiner geografischen Grenzen, lehnt deren absolute Vorrangigkeit für die Epoche indes ab.Sie seien klar den politischen und strategischen Zielen untergeordnet.[171b] Anhand der den Reichskanzler und sein Kommerz-Kollegium eminent beschäftigenden Zolleinnahme-Politik rund um die Ostsee konstatiert Roberts: „Sie lieferte die Mittel, um mit Waffen Ziele zu verfolgen, die politisch statt ökonomisch waren. Es ist wichtig festzuhalten, dass die gesamten Einnahmen aus den Zöllen für die Bezahlung der Armeen in Deutschland eingesetzt wurden".[171c] Und „ökonomische Interessen halfen in beachtlichem Maße das Reich zusammenzuhalten, obgleich diese Interessen nicht die ausschlaggebende Motivkraft hinter dessen Erwerb gewesen war".[171d]

Die vielseitigen Versuche und Methoden in den 50er und 60er Jahren, die Hansestadt in das Territorium einzuverleiben, weisen auf die sowohl sicherheits- als auch handelspolítisch motivierte Planung in der Stockholmer Zentrale hin. Ohne die Stadt war der Elbe- und Weserzugang nicht einmal die Hälfte wert. Auch eine gewisse Verzweiflung ob der Erfolglosigkeit spricht aus dem Bündel von Maßnahmen: Nadelstiche, juristische Argumente, Bestechung, Militäraktionen. Der Zugewinn von Lehe und Amt Bederkesa konnte nicht als Ersatz für Bremen gelten und war ja auch von kurzer Dauer.

Ist es abwegig, zwischen der Enttäuschung über die nicht erreichte Abrundung der gewonnenen Provinz Bremen-Verden einen gewissen Zusammenhang herzustellen zu den im Folgenden geschilderten Positionen höherer schwedischer Beamter aus bilateralen Verhandlungen mit ausländischen Partnern - auch wenn sie Theorie blieben?

- König Karl X Gustav versuchte, während des 1. Nordischen Krieges aus Finanznot Anleihen nicht nur in Holland und Hamburg - wie gewohnt - sondern auch in England zu bekommen. In seiner Antwort 1657 ging Oliver Cromwell darauf ein, verlangte jedoch als Pfand die Provinz Bremen-Verden, was der schwedische König äußerst misstrauisch aufnahm.

  Die steigende Finanznot und die Hoffnung auf England als Verbündeten ließen ihn etwas später dann doch darauf zurückkommen. Zunächst wurden von Stockholm einige feste Plätze als Pfand ins Spiel gebracht, schließlich aber doch die gesamte Provinz.

  Nach Ausbruch des schwedisch-dänischen Krieges - zusätzlich zum schwedische-polnischen - verlor Cromwell das Interesse an dem Deal.[172]

- In Karls XI Krieg in der zweiten Hälfte der 70er Jahre gegen eine Vielzahl von Gegnern wurde Bremen-Verden von diesen besetzt. Karl XI, "der sonst beharrlich jeden Gedanken an Landabtretungen von sich wies"[173] , ließ sich dahingehend beraten, territoriale Opfer in Bremen-Verden für die Verhandlungen in Erwägung zu ziehen, um die Provinz Pommern zu retten.

  Schon 1675 urteilte der Reichsrat, dass die Provinz Bremen-Verden nicht verteidigt werden könnte; und Johan Gabriel Stenbock schlug vor, dass man sie England für die Zeit des Krieges übergeben sollte.[173a]

- Johan Gyllenstierna, "undogmatisch" und "impulsiv"[174] , der in der zweiten Hälfte der 70er Jahre einen Dauerkampf mit dem Rivalen de la Gardie führte, wagte sich 1679/80 auf sehr dünnes diplomatisches Eis, indem er mit Dänemark über ein großes nordisches Bündnis verhandelte, - ohne Wissen seines Königs! In diesen Gesprächen bot er Dänemark Bremen-Verden im

Austausch gegen Norwegen an.

- Ähnlich wie Gyllenstierna war Reichsrat Sten Bielke (der Jüngere) Anfang der 90er Jahre versucht - auch hier ohne Wissen seines Königs - , eine große nordische Nachbarschaft aufzubauen. Er trug sich mit dem Gedanken, dass Holstein-Gottorf an Dänemark und dafür Bremen-Verden an den holsteinischen Herzog Christian Albrecht gehen sollte. Schweden sollte im brandenburgischen Pommern Zuwachs erhalten, wofür dem Brandenburger im kaiserlichen Schlesien Ersatz zugedacht war.[175]

- Im 2. Nordischen Krieg erging 1719 von Schweden das Angebot an England, englische Unterstützung gegen die russische Galeerenflotte in der Ostsee zu kaufen gegen Landabtretungen in Deutschland. Es wird sich um Bremen-Verden gehandelt haben. Und "der schwedische Vorschlag wurde <in England> mit Wohlwollen aufgenommen".[176]

Bremen-Verden fiel tatsächlich an das mit England in Personalunion verbundene Hannover; doch ging der Handel insofern nicht auf, als die russischen Brandschatzungen in den mittelschwedischen Küstenregionen nicht verhindert wurden.

93

## Schwedens Motive für den Erwerb der Provinz Bremen-Verden -
## abschließende Beurteilung

Die Rückkehr des Thronfolgers Karl Gustav vom Nürnberger Exekutionskongress 1649 wurde in Stockholm mit einem sehr viel bescheidenerem Feuerwerk gefeiert als die Verabschiedung des Kongresses in Nürnberg selbst; auch aus Sparsamkeitsgründen. Die Bankette von Nürnberg und erst recht die großen Siege aus dem 30-jährigen Krieg waren Vergangenheit. Schwedens Diplomaten und auch die Regierenden mussten erst lernen, dass der Umgang mit den vielen unterschiedlichen Mitgliedern der deutschen Reichsstände eine ganz andere Sache war. Erfolge ließen sich nicht befehlen. Das galt ganz besonders für die Planungen bezüglich der Stadt Bremen. Nach zwei Jahrzehnten vergeblicher Anstrengungen musste Schweden die Komplettierung der Provinz als aussichtsloses Unterfangen aufgeben. Eine herbe Enttäuschung, die natürlich dazu beitrug, die politische Bedeutung des Territoriums - im Vergleich zu denen in Pommern - für die Krone herabzustufen.

Als europäischer Großmacht um die Jahrhundertmitte war Schweden selbstverständlich die Rolle als eine der Garantiemächte der Westfälischen Friedensregelung zugefallen. Die Reichsstandschaft Schwedens im Reichstag und in Kreistagen hatten der Reichskanzler und sein Resident in Hamburg nicht ohne Grund als wichtige Verhandlungsziele vertreten und durchgesetzt. Beide Männer waren exzellente Kenner der juristischen und politischen Instrumentarien im Reich. In einer Regierungserklärung vom 30. Mai 1646 wurden die schwedischen Legaten in Osnabrück angewiesen, immer in den beiden Angelegenheiten ´Freiheit der deutschen Stände` und ´schwedische Satisfaktion` „pari passu" zu gehen und zu versuchen, „unter Begünstigung des Interesses der Stände den

95

Satisfaktionspunkt zu ordnen"[176a]. Reichsständische Friedenspolitik blieb ein außenpolitisches Ziel für Schweden. Und die schwedischen Legaten hatten oft alle Hände voll zu tun, um bei divergierenden Interpretationen von Artikeln des Vertragswerkes zu helfen und zu schlichten. Sehr oft ohne nachhaltigen Erfolg; waren viele von ihnen ja bewusst unklar formuliert belassen. Reichsständische Friedenspolitik als außenpolitisches Ziel blieb indes - wie die Untersuchung verdeutlicht hat - von Anfang an schwedischer Machtpolitik untergeordnet.

Innerhalb der see- und militär-strategischen Sicherheitspolitik Schwedens gab es drei Schwerpunktregionen: gegenüber dem Erbfeind Dänemark seit altersher und im gesamten 17. Jshrhundert, gegenüber den kaiserlichen Ostsee-Aspirationen während des 30-jährigen Krieges und gegenüber der u.a. auch dynastisch begründeten Feindschaft zu Polen und dem angrenzenden Russland.
Die mit dem Frieden von 1648 von Schweden erworbenen deutschen Provinzen an der Ostsee stellten schon von ihrer Lage zu Schweden her die Bedeutung der Provinz Bremen-Verden in den Schatten. Und die sicherheitspolitischen Ziele für ihren Erwerb ließen sich nicht verwirklichen.
Im Gegenteil: die deutschen Provinzen mit ihren langen offenen Grenzen machten das imperiale Schweden angreifbarer als zuvor, und Kriege an zwei oder gar drei Fronten bedrohten Schwedens Sicherheit. Der besondere strategische Nachteil von Bremen-Verden bestand im Übrigen darin, dass die einzige vernünftige Landverbindung über Pommern lief. 1671 rechnete man in Stockholm mit bis zu 7 Monaten, um Truppen dorthin zu schicken.[176b]

Die zu Zeiten der Neuschaffung des 'Kommerskollegiums' vom Reichskanzler erhoffte Intensivierung der handelspolitischen Präsenz auch in der Nordsee - gegenüber Holland und England -

96

konnte nicht verwirklicht werden. Der Elsflether Weserzoll blieb in fremden Händen, die Karlsburg an der Geeste hatte keine Überlebenschancen, und Stade konnte natürlich keinen Ersatz für die Stadt Bremen darstellen.

Die eingeschlagenen politischen und militärischen Wege zur Einverleibung auch der Stadt Bremen hatten nicht nur keinerlei Erfolg, sondern beschädigten die Reputation der Friedens-Garantiemacht nachhaltig.

Die starke Abhängigkeit von den Positionen Hollands und Englands in den jeweiligen Bündnissen und Anti-Allianzen blieb die gesamte Epoche hindurch erhalten.

Und schließlich sollte sich der Handel neue Wege suchen; was "den Wert von Zöllen aus Flussmündungen aushöhlte".[177]

Die Beiträge der Provinz Bremen-Verden für das Gesamtreich in Form von Abfindungen und Pensionen für hohe Beamte, Offiziere und Soldaten sowie für die Finanzierung der vielen Kriege sind oben dargestellt worden. Zum Teil war es in der Tat auch hier "der Lauf der Zeit, der die schwedischen Hoffnungen zunichte machte", wie Wetterberg resümiert.[178] In dem Maße, in dem national rekrutierte Armeen die Söldnerheere ersetzten, war die Fürsorge und Betreuung von Söldnertruppen und -offizieren zwar "ganz vorausschauend", aber "der Markt wurde nicht länger benötigt" wie früher.[179]

Beide Aspekte - die Verlagerung von Handelswegen und die Veränderung der Heeresstrukturen - konnten von den Akteuren im 17. Jahrhundert selbst nicht vorausgesehen werden; sie sind der historischen Perspektive "efterklokhet" zuzuordnen.

Wenn nach der Rolle der Provinz für das schwedische Interesse gefragt wird, soll die Umkehrung nicht ausgeklammert bleiben: welche Rolle spielte die schwedische Herrschaft im 17. Jahrhundert für die Provinz Bremen-Verden? Hier einmal abgesehen von den unverhältnismäßig häufigen Belastungen

97

durch Schwedens Kriege. Wie oben dargestellt war der Aufbau einer in damaliger Zeit modernen Verwaltungs- und Haushaltsstruktur für die Territorien zwischen Weser und Elbe ein Entwicklungssprung heraus aus überkommener mittelalterlich-geistlicher Oberherrschaft. Die neuen Strukturen überlebten bis in hannoversche Zeiten.[180] Wobei es sich von selbst versteht, dass es Schwedens ureigenes Interesse war, eine effiziente Haushalts- und Verwaltungsstruktur in seiner deutschen Provinz zu schaffen; Axel Oxenstiernas Handschrift auch hier.

Eine vergleichbare Rolle spielte im Übrigen jener Reichskanzler der ersten Hälfte des 17. Jahrhunderts für Schweden auch in den Provinzen am Ostrand der Ostsee. "Die schwedische Verwaltung beinhaltete eine Modernisierung der Strukturen in den baltischen Provinzen. Mit der Universität in Dorpat trug Schweden bei zur intellektuellen Kultur", urteilt zusammenfassend Wetterberg.[181] Roberts fasst die Bedeutung der neuen Verwaltungsstrukturen so zusammen: „Die Verwaltungsstruktur .... erregte die Aufmerksamkeit und abverlangte die Bewunderung europäischer Beobachter".[181a]

Mit Artikel X § 13 des Friedensvertrages von 1648 ehielt Schweden das Recht, auch in seinen neuen deutschen Provinzen eine Universität zu gründen; wofür eigentlich nur Bremen-Verden in Frage gekommen wäre, da man mit Vorpommern die Universität Greifswald erhielt. Und im September 1649 bat tatsächlich die Altstadt Verden, ihre Domschule zur Universität auszubauen. Der Krone verblieben aus der Provinz für das Kirchen- und Schulwesen Einkünfte von jährlich nur 9.745 Reichstalern, was natürlich bei weitem nicht hinreichte für die Errichtung neuer Schulen oder gar einer Universität.[182]

Die zwei wichtigsten Prinzipien der außenpolitischen Konzeption König Gustav II Adolfs und Kanzler Axel Oxenstiernas sind oben erwähnt worden: Kriege nicht innerhalb der Reichsgrenzen zu führen und zu verhindern, dass sich an den Rändern der Ostsee

98

Mächte etablierten, die Schwedens Grenzen gefährden könnten. Die strategische Rolle des Territoriums im Rücken des Erzfeindes Dänemark ist ausführlich dokumentiert worden. Zu Beginn des 30-jährigen Krieges hatte Dänemark die tonangebende Rolle als Ostseemacht gespielt. Um die Mitte des Jahrhunderts hatte Schweden diese Rolle übernommen. Gegen Ende des Jahrhunderts und endgültig zu Beginn des 18. Jahrhunderts hatte Schweden diese Rolle verspielt.

Und auch Oxenstiernas erstes außenpolitisches Prinzip (keine Kriege innerhalb der Reichsgrenzen) war nicht mehr haltbar: Zar Peter der Große brandschatzte und verwüstete - mit einer für diesen Zweck erbauten Galeerenflotte - die Ostseeküstengebiete zwischen nördlich von Stockholm bis herunter nach Nyköping. In den vielen Kriegen der Könige Karl XI und Karl XII spielte die Provinz Bremen-Verden zumeist eine doppelte Rolle. Sie musste beitragen zu den Kriegslasten und sie wurde in übermäßigem Maße selbst zum Kriegsschauplatz; eben wegen der Dauerkonfrontation zwischen Schweden und Dänemark.

Mit den Schweden auferlegten Friedensbedingungen am Ende des 2. Nordischen Krieges wurde Wirklichkeit, was französische Unterhändler im Jahre 1649 den Schweden insgeheim gewünscht hatten: zurück und möglichst unbemerkt in ihrem fernen dunklen Land.

Aber: Schweden hatte gegenüber Dänemark das Reichsgebiet auf seine natürlichen Grenzen ausgeweitet!

Um zum Schluss an den Anfang dieser Untersuchung zurückzukehren, kann der im Motto zitierte Stoßseufzer von Magnus Gabriel de la Gardie von 1671 über die Reichsrats-Diplomaten als "ehrliche Kerle" in der Außendiplomatie einer Realitätsüberprüfung kaum standhalten. Die dargestellten Wege und Methoden schwedischer Außenpolitik im 17. Jahrhundert sollen indes nicht mit moralischen Maßstäben beurteilt werden. Das ist auch Georg Landberg entgegen zu halten, der in seiner rückblickenden Zusammenfassung schreibt: Schwedens

Regierung sei nicht geneigt gewesen, "eine der Allgemeinheit dienende europäische Politik zu betreiben, sondern sie war auf die unmittelbaren Interessen ausgerichtet, die vorbuchstabiert wurden von der Stellung des Landes als Ostseemacht".[183] Außenpolitik als Realpolitik ist nun einmal Interessenpolitik.

# Anmerkungen
(Die Originalzitate aus Quellen und Literatur wurden vom Verfasser übersetzt)

1  Zitiert nach Landberg, Georg "Den Svenska Utrikes Politikens Historia I:3 1648-1697", Stockholm 1952, S.172

2  Böhme, Klaus-Richard "Bremisch-verdische Staatsfinanzen 1645-1676. Die schwedische Krone als deutsche Landesherrin", Studia Historica Uppsaliensia XXVI, Stockholm 1967, S.501

3  Wolke, Lars Ericson et alia "Trettiåriga Kriget. Europa i brand 1618-1648", Värnamo 2006, S.354;
   Odhner, Clas Theodor, „Die Politik Schwedens im Westphälischen Friedenscongress und die Gründung der schwedischen Herrschaft in Deutschland", Gotha 1877, Hannover 1973, S. 253

4  Wetterberg, Gunnar "Axel Oxenstierna" Band 1, Stockholm 2006, S.93ff In Jena studierte er zusammen mit seinen zwei Brüdern und mit Jonas Rothovius, der sich verdient machte um eine systematische Juristenausbildung an der Universität Uppsala (S.221)

5  Fiedler, Beate-Christine "Schwedisch oder deutsch? Die Herzogtümer Bremen und Verden in der Schwedenzeit (1645-1712)" in: Jahrbuch für Niedersächsische Landesgeschichte Bd 67, 1995, S. 48 Anm.13

6  Zu den vielfältigen diplomatischen Aktivitäten um ein militärisches Eingreifen in den Krieg auf reichsdeutschem Boden zwischen 1624 und 1630 detailliert Tham, Wilhelm "Den svenska utrikespolitikens historia I:2 1560-1648", Stockholm 1960, S.137-143, 171-199

7   Einen ausführlichen Bericht - auch über das Gespräch des
    brandenburgischen Gesandten Bellin mit dem König - geben
    Hildebrand, Emil/Stavenow, Ludvig in "Sveriges Historia till
    våra dagar", 7. Teil, Stockholm 1927, S. 175f; auch Tham,
    a.a.O. S. 139 und Lindquist, Hermann "Historien om Sverige.
    När Sverige blev stormakt", Stockholm 1994, S.211

8   Tham, a.a.O., S.142

9   Die Rolle Dänemarks in den 20er Jahren analysiert im Detail
    Wolke, a.a.O. S.50-75; auch Fiedler, a.a.O. S.43/44

10  Friedrich wurde 1621 zum Koadjutor in Bremen und 1623
    zum Administrator in Verden gewählt (Fiedler,a.a.O. S.43,
    Böhme,a.a.O. S. 15)

11  Nach Tham, a,.a.O., S.190

12  Nach Tham, a.a.O., S.156, S.202
    Goetze, Sigmund, „Die Politik des schwedischen
    Reichskanzlers Axel Oxenstierna gegenüber Kaiser und
    Reich", Kiel 1971, S.66, weist darauf hin, dass dies von
    Salvius verfasste Dokument „fast ausschließlich auf die see-,
    militär- und territorialpolitischen Folgen der jüngsten
    kaiserlichen Maßnahmen bezüglich der Häfen,
    Hoheitsgewässer und Küstenterritorien des Reiches, besonders
    an der Schweden nächstgelegenen deutschen Ostkante"

13  Zu diesen Auseinandersetzungen in den 30er Jahren vgl.
    ausführlich Böhme, a.a.O. S.15-22

14  Svenska Riksrådets Protokoll Band IV(hsg.1886), Prot. vom
    3.3.1634

14a Text bei Goetze, a.a.O. S. 232,233

15 a.a.O., Prot. vom 11.1.1634

16 a.a.O., Prot. vom 11.1.1634

17 a.a.O., Prot. vom 26.11.1634

18 Böhme, a.a.O., S. 19/20 mit Quellenangaben in den
   Anmerkungen; siehe auch Tham, a.a.O., S.242

19 Svenska Riksrådets Protokoll Band V (hsg. 1888), Prot. vom
   2.1.1635

20 a.a.O., Band IV, Prot. vom 26.11.1634

21 a.a.O., Band V, Prot. vom 17.3.1635

22 a.a.O., Band IV, Prot. vom 26.11.1634 und wiederholt am
   12.12.1634

23 Zu den Auseinandersetzungen in Stockholms regierenden
   Kreisen detailliert Tham, a.a.O., S.248-269

24 So interpretiert Tham, a.a.O.,S.249

25 "jag ville så gärna hava påven i Rom till interponent som
   konungen i Danmark"; Tham,a.a.O., S.296

26 Zum gesamten folgenden Abschnitt Tham, a.a.O., S.144-159;
   Landberg, a.a.O., S.17-27; Asker,Björn "Karl X Gustav. En
   Biografi", Falun 2009, S.131ff; Droste, Heiko "Im Dienst der
   Krone. Schwedische Diplomaten im 17. Jahrhundert", Berlin
   2006, S.19ff, 64ff; Wolke, a.a.O., S.147

27 In späterer Zeit wurde das Amt in "Kanzleipräsident"

umbenannt, was zugleich eine Minderung der Kompetenzen mit sich brachte

28 Um die Mitte des Jahrhunderts waren es dann 7 Ministerien; hinzu kamen das "bergskollegium" (wegen der zunehmenden Bedeutung des Erzbergbaus) und das "kommerskollegium" (vor allem für den Außenhandel)

29 Tham, a.a.O.,S.149f

30 Landberg, a.a.O., S.20

31 Nach Tham,a.a.O.,S. 144ff

32 Tham nennt es "en ny form för samverkan mellan regering och riksdag", a.a.O.,S.145; Asker berichtet davon, dass in diesem Ausschuss "eigentlich nur die drei höchsten Stände" vertreten waren, a.a.O. S.159, - was durchaus für die Zeit vor 1627 gegolten haben mag.
Protokolle für die Sitzungen des Ausschusses liegen erst ab 1668 vor (Information Juni 2010 des Riksarkiv über das Riksdagsarkiv)

33 Vormundschaftsregierungen für Königin Christina 1632-1644, für König Karl XI 1660-1672, für König Karl XII 1697-1700

34 Axel Oxenstierna war ohne Zweifel der einflussreichste Amtsinhaber. Sein Sohn Erik war nach des Vaters Tod 1654 sehr stark mit der Kriegführung Karl X Gustavs beschäftigt, was zeitweise eine Verlagerung der Kanzleigeschäfte in eine "fältkansli" nach sich zog.
Johan Gyllenstierna unter Karl XI wurde in außenpolitischen Angelegenheiten von König Karl XI oft nicht einbezogen, handelte seinerseits entsprechend auch gelegentlich eigenmächtig.

In den 80er Jahren gab es häufigen Richtungsstreit in den außenpolitischen Debatten im Reichsrat, und der König agierte nicht selten ohne den 1685 ernannten Bengt Oxenstierna als Amtsinhaber.
Mit dem Jahr 1697 mit Karls XII Thronbesteigung hörte selbst in den 3 Jahren der Vormundschaftsregierung jegliche Befassung des Reichsrates mit Außenpolitik auf.

35 Tham, a.a.O., S.147

36 Beispiele hierfür finden sich in den Debatten über die Satisfaktionsforderungen in den 40er Jahren, ebenso in der Frage des Vorgehens gegen Dänemark; ein Ratsmitglied verwahrte sich am 26.11.1634 dagegen, "das Bruderland (fädernesland) ins Unglück zu stürzen" (Svenska Riksrådets Protokoll vol.IV, Prot. vom 26.11.1634)

37 Hierzu vor allem Droste,a.a.O., S.64ff; Tham, a.a.O., S.153f, Landberg,a.a.O., S.23ff, Wolke, a.a.O., S.147

38 Tham, a.a.O., S.11, Landberg,a.a.O., S.24

39 Droste, a.a.O., S.19

40 Droste, a.a.O., S.20

41 Die folgenden Angaben nach Wolke, a.a.O., S.147

42 Droste, a.a.O., S.72

43 Droste, a.a.O., S.68

44 Droste, a.a.O., S.74

45 Adler Salvius war einer der Bürgerlichen, die zu Reichsräten

105

ernannt wurden. Droste hat errechnet, dass zwei Drittel der schwedischen Diplomaten im 17. Jahrhundert adlig waren, davon indes 54% "persönlich nobilitiert"; sie nutzten also den Staatsdienst für den sozialen Aufstieg (Droste,a.a.O., S.90ff)

46  Nach Wolke, a.a.O., S.147

47  Zum folgenden Abschnitt vor allem Asker,a.a.O., S.65f, Wolke, a.a.O., S.191ff, Böhme, a.a.O., S.25-32

48  Schweden genoss im Öresund Zollfreiheit; in der Kriegspropaganda für den Angriffskrieg stritt Schweden für Zollfreiheit für alle, -- wollte aber im Grunde ein eigenes Zollrecht nach einem Sieg über Dänemark (Wolke, a.a.O., S.191)

49 Wolke, a.a.O., S.199

50 Wolke, a.a.O., S.310-321
   Goetze, a.a.O. S. 241ff, 259 untersucht die Kriegspropaganda Schwedens in den 30er und 40er Jahren ausführlich; in der beurteilenden Wortwahl allerdings reichlich emotional und einseitig: er würdigt auch die gegnerischen Propagandamittel mit keinem Wort

51  Wolke, a.a.O., S.310

52  Wolke, a.a.O., S. 316: "böndagsplakat"

52a Roberts, Michael,"The Swedish Imperial Experience 1560-1718", Cambridge 1979, S. 68/9

53  Wolke, a.a.O., S.317 : "oundviktighet och rättvisan"

54  Wolke, a.a.O., S. 320

55 Svenska Riksrådets Protokoll, vol. X für 1643 und 1644 und
vol. XI für 1645 und 1646; die im Text genannten Beispiele
tauchen in den ersten Monaten 1643 immer wieder auf

56 Svenska Riksrådets Protokoll, vol. X, Prot. vom 14.11.1643
(auch Böhme, a.a.O., S.26)

57 Svenska Riksrådets Protokoll, vol. X, Prot. vom 21.5.1644

57a Acta Pacis Westphalicae Serie 2,C,Bd 1 Nr.285

58 Böhme, a.a.O., S.29 mit Quellenangabe in Anm. 3; auch S.
505 im Anhang

59 Tham, a.a.O., S.325

60 Tham, a.a.O., S. 329ff; Böhme, a.a.O., S.29f

61 Gedruckt in Backhaus, Helmut (hsg) "Rikskanslern Axel
Oxenstiernas skrifter och brevväxling", Stockholm 2009, Band
2, S. 528

61a Goetze, a.aO. S. 174/5

62 Svenska Riksrådets Protokoll, vol. XI für 1645 und 1646,
S.127f

63 Svenska Riksrådets Protokoll, vol. XI, Prot. vom 19.3.1646 S.
311

64 Zitat Wolke,a.a.O., S.341; vgl. zum Folgenden insgesamt
Wolke, a.a.O., S.340ff

65 Tham, a.a.O., S.346

66  Detailliert hierzu Tham, a.a.O., S. 360ff

67  Die folgenden Angaben nach Lindquist, a.a.O., S. 425
    Nach Acta Pacis...Serie 2, C, Bd.3 Nr.10 vom   24.10.1646
    war Gustafsson 1645 Gouvernör in Estland, 1646 Reichsrat.
    Und die Königin legt Johan Oxenstierna und Salvius die
    Angelegenheit G.Gustafssons (auch bzgl. Des Stiftes
    Osnabrück) sehr ans Herz

67a Nach Odhner, a.a.O. S. 216

68  Hierzu Tham,a.a.O., S.346-349

68a Acta Pacis Westphalicae Serie 2,C,Bd. 1,Nr.59, S.74/5

69  Tham, a.a.O., S.152f

69a Odhner, a.a.O., Beilagen S. 341-353

70  Tham, a.a.O., S.361

71  Tham,a.a.O., S.362

71a vgl. Acta Pacis Westphalicae Serie 2,C, Bd. 2, Einleitung S.
    Xxxiii ff (Wilhelm Kohl) und Nr. 307 : Bericht Johan
    Oxenstiernas und Salvius an die Königin vom 30.8.1647 zur
    neidvollen Position der Niederlande; vgl. auch die
    quellengestützte genaue Nachzeichnung der hin und
    hergehenden Verhandlungen bei Odhner, a.a.O. S. 148ff

72  Nach Tham, a.a.O., S.360-369

73  Tham,a.a.O., S.349

74  Tham,a.a.O., S.358

75  a.a.O., S. 363

76  Tham, a.a.O. S.363

76a Die Meinungsverschiedenheiten in der Sache und auch die
     persönklichen Auseinandersetzungen zwischen den beiden
     Legaten haben umfangreiche Analysen und Bewertungen in
     der Litertaur gefunden; am ausführlichsten G.Lorenz in Acta
     Pacis Westphalicae Serie 2, C, Bd.3, S.XLIV-LI ; Acta
     Pacis...Serie 2,C,Bd2, S. XXXVII ff (Einleitung von Wilhelm
     Kohl); Odhner,a.a.O., S. 169ff

77  Tham, a.a.O. S.367

78  Böhme,a.a.O., S. 65ff mit Angabe der Quellen; Fiedler, a.a.O.,
     S.47

78a Acta Pacis...Serie 2,C,Bd. 2, Nr.79, S.218

78b Berichtet von Odhner, a.a.O., S.134

78c Acta Pacis... Serie 2,C,Bd.2, S.308

78d Odhner, a.a.O., S.131

78e Acta Pacis.... Serie 2,C,Bd.3, Nr.111, S. 203

78f Odhner,a.a.O., S.137/8 und S. 166 sowie S. 214/5

79  Wobei Böhme, a.a.O., S.65 Anm. 8, zu Recht darauf hinweist,
     dass sie auch unter den Fürstbischöfen weltliche Territorien
     gewesen waren

80  Böhme, a.a.O., S. 66 Anm. 1, weist mit genauen

109

Quellenangaben u.a. nach, dass im verdischen Domkapitel von
15 ehemaligen Kapitularen 11 bremisch-verdische
Adlige waren

81  Beförderungen: 1645 Generalleutnant, 1646 General, 1648
Feldmarschallleutnant (Böhme, a.a.O., S.33)

82  Böhme, a.a.O., S. 33 mit Quellenangabe in Anm. 3

83  Böhme, a.a.O., S. 34 mit Quellenangabe in Anm. 7

84  Böhme, a.a.O. S.35

85  Axel Oxenstierna verbrachte Teile seiner Studien an deutschen
Universitäten zusammen mit seinem Freund Jonas Rothovius,
dem er später den Auf- und Ausbau der Juristenausbildung in
Uppsala anvertraute (Wetterberg, Axel Oxenstierna, S. 93f und
S.221)

86  Backhaus, a.a.O., Band 2, S. 596f; siehe auch Böhme,a.a.O.,
S.47 mit Quellenangabe in Anm.6

87  Böhme, a.a.O., S. 68 mit Quellenangabe in Anm.8: sieben der
bremischen Klöster wurden so vergeben

88  Detailliert bei Böhme, a.a.O., S. 36ff

89  Böhme, a.a.O. S. 38

90  Böhme, a.a.O. S.504f

91  Böhme, a.a.O., S.43f

92  Böhme, a.a.O., S. 49 mit Quellenangabe in Anm. 5

93  Böhme, a.a.O., S.45

110

93a Odhner,a.a.O. druckt im Anhang (Beilagen) den Artikel X des Instrumentum Pacis Osnabrugensis zum Vergleich nebeneinander mit der Convention zwischen den schedischen und den kaiserlichen Legaten vom 8. Feb.1647 ab

94 Schwarzwälder, Herbert "Geschichte der Freien Hansestadt Bremen" Band I, Bremen 1995, S.349; bereits am 6. Nov. 1645 hatte die Königin in ihrer Instruktion an Salvius und Johan Oxenstierna zu vorsichtiger Verhandlungstaktik geraten, da die Angelegenheit schon so lange beim Reichskammergericht anhängig sei (Acta Pacis...Serie 2,C,Bd.1, Nr. 434 S. 840)
Im Schreiben der schwedischen Delegation an die Königin vom 14.6.1647 berichten diese indes, dass sie die Haltung Bremens bezüglich ihres „dominium Visurgis" bestärkt hätten

95 Wolke, a.a.O., S. 353f, S. 359ff, Böhme, a.a.O., S.59f; Odhner, a.a.O.,Kapitel VII S. 287-314 „Ratification und Execution des Westphälischen Friedens"

95a Odhner,a.a.O., S. 306 führt an, dass die Summen für das deutsche Kriegsvolk galten. „Die schwedischen Truppen mussten sich mit der Hälfte begnügen".

96 nach Asker,a.a.O., S.96f

97 Wolke, a.a.O., S. 360, spricht ausschließlich von Pommern; Böhmes genaue Kammerlisten (a.a.O., S.504ff) lassen darauf schließen, dass auch in Bremen-Verden die Garnisonen besetzt waren

98 Böhme, a.a.O., S.48 mit Quellenangaben in Anm. 3 u. 4

99 Asker, a.a.O. S. 144f

100 Asker, a.a.O. S. 144: "nu, sedan vi äre blevne så store, have vi en store invidie av alla", "nu är hela världen jaloux över vår makt"

101 Asker, a.a.O., S.98 :"son ancienne obscurité au deça de la mer Baltique"

102 Landberg, a.a.O., S.32

103 Tham, a.a.O., S.369

104 Wetterberg "Axel Oxenstierna" Band 2, S.879

105 Böhme, a.a.O., S.79-85

106 Böhme, a.a.O., S.85 Anm. 6 Protokoll der Unterredung vom 22.11.1650

107 Böhme, a.a.O., S.89

108 Böhme, a.a.O., S.91

109 Böhme verfolgt detailliert die Entwicklung von der ersten Instruktion bis zur Realisierung, a.a.O., S. 94-108

110 Böhme, a.a.O., S.109-120

111 Fiedler, a.a.O., S.53-55

112 Böhme, a.a.O., S. 110 Anm. 4 die Einleitungsformel lautet:"Ihrer Königliche Majestät zu Schweden .....in Dero Herzogthümer Bremen und Verden verordnete Gouverneur, Canzler und Geheime Räthe"

113 Fiedler, a.a.O., S. 55

114 Böhme, a.a.O., S.361 Anm. 7: Als er allerdings am 4.6.1663 ausdrücklich wünschte, der schwedische Reichsrat Björenklou möge mit den bremisch-verdischen Deputierten schwedisch sprechen, wies dies die Königinmutter Hedvig Eleonora (während der Vormundschaftsregierung für Karl XI) zurück.

115 Böhme, a.a.O., S.75

116 Böhme, a.a.O., S.530-543

117 Böhme, a.a.O., S.76

118 Böhme, a.a.O., S.77

119 Böhme zeichnet die wechselvollen Auseinandersetzungen und Interessenlagen nach, a.a.O., S.131-135, 337ff, 357

120 Böhme, a.a.O., S.223ff: Aus einer Diskussion im Reichsrat 1671 (Böhme, a.a.O., S.427ff) über die bremisch-verdischen Donationen, deren Reduktion die Landstsände forderten, erfolgte ebensowenig eine Entscheidung wie im Folgejahr 1672. Wieder war es die Interessenlage der Donatarien, die eine Entscheidung verhinderte, - zumal sie seit 1663 in der Ritterschaft überstimmt werden konnten.

121 Böhme, a.a.O., S.322ff

122 Böhme, a.a.O., S.561

123 Böhme, a.a.O., S.418ff

124 Böhme, a.a.O., S.330f, 377f

125 So überliefert in einer Denkschrift aus dem Jahre 1661 des

Schatzmeisters Gustav Bonde. Böhme,a.a.O., S. 377f

126 Böhme, a.a.O., S. 377, 568
127 Böhme, a.a.O., S.378, 203

128 Böhme, a.a.O., Anhang Tabelle 1

129 Böhme, a.a.O., S. 180

130 Böhme, a.a.O., S. 201

131 Böhme, a.a.O., S. 451

132 Böhme, a.a.O., S.452

133 Böhme, a.a.O., S. 568f, vgl. auch S. 481-489

134 Fiedler, a.a.O., S. 57

134a Roberts, a.a.O., S. 52/3

135 Böhme, a.a.O., S. 569

136 Z.B. mit Holstein-Gottorf 1661, Handelsabkommen mit England 1661 zu Beginn der Periode, mit Frankreich und Dänemark 1672, mit England 1672 zum Ende der Periode

137 Landberg, a.a.O., S.57-68

138 Landberg, a.a.O., S.64

139 Hierzu Landberg, a.a.O., S.64ff, Böhme, a.a.O., S.32, 169-172, Schwarzwälder, a.a.O., S.352ff

140 Schwarzwälder, a.a.O., S. 354f

140a Acta Pacis .... Serie 2,C,Bd.3, Nr. 111, S. 203

141 Landberg, a.a.O., S.65

142 Böhme, a.a.O., S.172

143 Zum Folgenden Schwarzwälder, a.a.O., S.356ff

143a Roberts, a.a.O., S.79

144 Das Ritual der Huldigung lief in der üblichen Form ab: der Ratssyndikus hielt eine Rede, unter Kanonendonner zog man nach Bremen und ging vom Ansgaritor ab durch ein Spalier bewaffneter Bürger (Schwarzwälder, a.a.O., S.391)

145 Nach Schwarzwälder, a.a.O., S.372ff

146 Schwarzwälder, a.a.O., S.373f

147 Das Folgende nach Landberg, a.a.O., S.146ff, Böhme, a.a.O., S.453ff, Schwarzwälder, a.a.O., S.376ff

148 Landberg, a.a.O., S.149

149 Landberg, a.a.O., S.149,150 "en ofördelaktig halvmesyr", "en ren episod", "..motsats mellan anspråk och vanmakt"

150 Aus diesen Rivalitäten bildeten sich einige Jahrzehnte später festere Parteigruppierungen heraus, die das Geschehen im Reichsrat und auch im Reichstag prägen sollten

151 Das Folgende nach Landberg, a.a.O., S.175ff, Böhme, a.a.O., S.457ff

152 Landberg, a.a.O., S.185

153 Landberg, a.a.O., S.186

154 Böhme, a.a.O., S.488

155 Das Folgende zunächst nach Landberg, a.a.O., S. 185, S.234ff; auch Böhme, a.a.O., S.457

156 Wetterberg, Gunnar "Arvid Horn. Från tolv till ett", Stockholm 2006, S.42

157 Landberg, a.a.O., S.185

158 Marklund, Andreas "Stenbock.Ära och ensamhet. Karl XII:s tid", Borgå 2008, S.44f

159 Das Folgende im Wesentlichen nach Marklund, a.a.O., S.242-245

160 Wolke, a.a.O., S. 310ff

161 Marklund, a.a.O., S. 244f

162 Die geheimen und intriganten Aktivitäten von Görtz und anderen Beteiligten zeichnet Marklund, a.a.O., S. 308ff anhand der Protokolle der sogenannten Stenbock-Kommission nach

163 Hierzu detailliert Ullmann,Magnus "Rysshärjningar på ostkusten sommaren 1719" 2006

163a  Roberts, a.a.O., S.128

164 Noch heute existent als Amt der Regierung für Außenhandel und Handelspolitik

165 Landberg, a.a.O., S.55 "kronans inkomstmöjligheter på annan väg än den direkta skatteupbörden"

166 Landberg, a.a.O., S.74

167 Landberg, a.a.O., S.54 Es erscheint symptomatisch, dass sich Schweden - nach den desaströsen wirtschaftlichen und Bevölkerungsverlusten der Kriege - im Friedensdiktat 1721 von Russland wenigstens die zollfrei ausgeführte Getreidelieferung aus Livland gegen 50.000 Rubel genehmigen ließ (Wetterberg, Horn, a.a.O. S. 155)

168 Während des 2. englisch-holländischen Seekrieges musste Schweden lavieren: die holländische Handelsseefahrt war lahmgelegt, also musste man Tonnage beschaffen; und sei es durch Scheinkäufe, durch Transport auf holländischen Schiffen unter schwedischer Flagge (Landberg, a.a.O., S. 145f)

169 Landberg, a.a.O., S.79

170 Als Beispiele dienen: 1654 Schweden-England, 1675 Traktat Schweden-Holland, 1679

Sc hweden-Dänemark, 1681 Schweden-Holland (Landberg, a.a.O., S. 78, 197, 208, 218)

171 Böhme, a.a.O., S.172

171a Roberts,Michae, „The Swedish Imperial Experience 1560-1718", Cambridge University Press 1979

171b Roberts, a.a.O., S.32

171c Roberts, a.a.O., S.35

171d Roberts, a.a.O., S.107/8

172 Böhme, a.a.O., S.215, Landberg, a.a.O., S.117

173 Landberg, a.a.O., S.193
173a SRP Svenska Riksrads Protokoll III S.299 (zitiert bei Roberts, a.a.O., S. 129)

174 Landberg, a.a.O., S.206

175 Landberg, a.a.O., S.246

176 Wetterberg, Horn, a.a.O., S.319, Ullmann, a.a.O., S.148

176a Zitiert bei Odhner, a.a.O., S. 110

176b Roberts, a.a.O., S. 127

177 Wetterberg, Oxenstierna, a.a.O., S. 879

178 Wetterberg, Oxenstierna, a.a.O., S.879 "tidens gång som kom de svenska förhoppningar på skam"

179 Wetterberg, Oxenstierna, a.a.O., S.879

180 Fiedler, a.a.O., S. 56

181 Wetterberg, Oxenstierna, a.a.O., S. 1023

181a Roberts, a.a.O. S. 57

182 Böhme, a.a.O., S. 69 Anm. 2

183 Landberg, a.a.O., S.260

# Quellen und Literatur

**Acta Pacis Westphalicae,** Serie 2, Abt. C
Bd 1 1643–1645 bearb. von Ernst Wermter, Münster 1965
Bd 2 1645-1646 bearb. von Wilhelm Kohl, Münster 1971
Bd 3 1646-1647 bearb. von Gottfried Lorenz, Münster 1975
**Asker**, Björn "Karl X Gustav. En Biografi",  Falun 2009
**Backhaus**, Helmut (hsg.von) **"Rikskanslern Axel Oxenstiernas skrifter och brevväxling"**, 2 Bände, Stockholm 2009
**Böhme**, Klaus-Richard "Bremisch-Verdische Staatsfinanzen 1645-1676. Die schwedische Krone als deutsche Landesherrin", Studia Historica Uppsaliensia  XXVI, Stockholm 1967
**Droste**, Heiko "Im Dienst der Krone. Schwedische Diplomaten im 17. Jhdt", Berlin 2006
**Fiedler**, Beate-Christine "Schwedisch oder deutsch? Die Herzogtümer Bremen und Verden in der Schwedenzeit (1645-1712)" in: Niedersächsisches Jahrbuch für Landesgeschichte Bd 67, 1995
**Goetze,** Sigmund „Die Politik des schwedischen Reichskanzlers Axel Oxenstierna gegenüber Kaiser und Reich" Beiträge zur Sozial- und Wirtschaftsgeschichte;3,  Kiel 1971
**Hildebrand**, Emil und Ludvig Stavenow "Sveriges Historia till våra dagar", 7. Teil, Stockholm 1927

119

**Landberg**, Georg "Den Svenska Utrikes Politikens Historia I:3 1648-1697", Stockholm 1952
**Lindquist**, Hermann "Historien om Sverige. När Sverige blev stormakt", Stockholm 1994
**Marklund**, Andreas "Stenbock. Ära och ensamhet; Karl XII:s tid", Borgå 2008
**Odhner,** Clas Theodor,"Die Politik Schwedens im Westphälischen Friedenscongress und die Gründung der schwedischen Herrschaft in Deutschland", Gotha 1877 (Nachdruck Hannover 1973)
**Oredsson**, Svverker "Gustav Adolf. Sverige och trettiåriga kriget. Historie-skrivning och kult", 1992
**Roberts,** Michael, „The Swedish Imperial Experience 1560-1718", Cambridge 1979
**Schwarzwälder**, Herbert „Geschichte der Freien Hansestadt Bremen" Bd I, Bremen 1995
**Svenska Riksrådets Protokoll (SRP)** Bände III (Stockholm 1885), IV(1886), V(1888), X(1905), XI(1906)
**Tham**, Wilhelm "Den svenska utrikespolitikens historia I:2 1560-1648", Stockholm 1960
**Ullmann**, Magnus "Rysshärjningarna på ostkusten sommaren 1719", 2006
**Wetterberg**, Gunnar "Axel Oxenstierna" 2 Bde, Stockholm 2002
**Wetterberg**, Gunnar "Arvid Horn. Från tolv till ett", Stockholm 2006
**Wolke**, Lars Ericson et alia "Trettiåriga Kriget. Europa i brand 1618-1648",Värnamo 2006